유대인과 패밀리 스쿨

Jewish and Family School

유대인과 패밀리 스쿨

초 판 1쇄 발행 2015년 8월 31일
7쇄 발행 2020년 3월 12일

지은이 · 조병호
펴낸곳 · 도서출판 **통독원**
디자인 · 전민영

주소 · 서울시 강남구 선릉로 806
전화 · 02)525-7794
팩 스 · 02)587-7794
홈페이지 · www.tongbooks.com
등록 · 제22-2766호(2005.6.27)

ISBN 978-89-92247-93-1 03370

유대인과 패밀리 스쿨

Jewish and Family School

조병호 지음

통독원

추천글

조병호 박사의 《유대인과 패밀리 스쿨》은 간결하고도 평이하여 한나절이면 읽을 수 있는 적은 분량의 책이다. 하지만 내용에 있어서는 지금부터 3,500년 전부터 인류 공동체가 지향해야 할 기본 지침으로 추구해온 모세의 로스쿨의 핵심 내용인 공(公)과 의(義)에 대한 깊은 통찰력과 진리를 모세의 초월적 지도력과 다윗이 보여준 권력의 공공성 그리고 앗수르, 바벨론, 페르시아, 헬라와 로마 제국들의 경영 키워드들을 통해 설명하고 있다.

또한 모세와 함께 시작된 패밀리 스쿨을 통해 부모는 자녀에게 나라와 민족을 위한 큰 그림을 그릴 수 있도록 교육한 결과 2,000년 동안 나라 없이 방황하는 이방인으로 지배자들의 압제하에서 주어진 고통과 고난을 생존의 촉진제로 승화시킨 결과 지금까지 노벨 수상자가 190여 명(전체의 22%)에 달하게 된 것은 우연이 아니라 필연적인 것임을 밝히고 있다.

요즘 우리 가정이 피폐해지고 경쟁 사회에서 자녀 교육에 대한 대안이 없는 현실에서 이 적은 책자는 우리 청소년들에게 큰 기대와 희망을 보여줄 것으로 사료된다. 필자의 해박한 지식, 지혜와 경륜이 녹아내린 올바른 인생의 안내서이다. 따라서 우리의 미래를 책임질 청소년들이 있는 가정에 일독을 권하고 싶은 필수의 책이다.

강사문 교수 (예루살렘 히브리대학교 Ph.D.)

목차

I

공감과 공부 – 박사마을 이야기

일반적으로 한국의 젊은 여성들이 가장 듣기 싫어하는 한국 남자들의 이야기는 바로 '남자들의 군대 경험 이야기' 라고 합니다. 군대를 경험한 한국 남자들에게는 평생 잊지 못할 그들만의 특별한 경험이지만, 여성들은 남자들의 군대 이야기에 관심조차 없는 것이 사실이기 때문입니다.

그런데 여자 친구가 그렇게 듣기 싫다고 하는데도 불구하고 한국 남자들은 군대 이야기를 시작하면 눈치 없이 그 이야기를 끝낼 줄을 모릅니다. 그 다음으로 한국 여성들이 싫어하는 한국 남자들의 이야기는 바로 '남자들의 축구 이야기' 라고 합니다.

그러니 남자들의 군대와 축구 이야기를 합친 남자들의 '군대 축구 이야기'는 여자들에게 인기 없는 남자가 되는 지름길이라 할 수 있습니다.

남자들의 군대 이야기에 버금가는 여자들의 재미없는 이야기는 아줌마들(?)의 출산 경험 이야기일 것입니다. 제 아내를 포함해 대부분의 아줌마들은 그들이 경험한 출산 이야기를 다른 사람들이 마치 무슨 무협지 이야기처럼 재미있어 할 것이라고 생각하는 것 같습니다. 정말 지치지도 않고 그때 별이 보였다는 이야기를 하고 또 하고 그럽니다. 이처럼 남자들이 좋아하는 이야기, 여자들이 좋아하는 이야기가 다릅니다. 또한 각 연령대별로, 직업별로 좋아하는 이야기의 주제들이 확연히 달라집니다.

그렇다면 누구나 공감하는 이야기는 무엇일까요? 다음의 이야기는 혹시 어떻습니까?

〈우리나라에 박사들이 모여 사는 박사문화촌이 생긴다고 합니다. 강원도 춘천시 서면이 바로 그곳입니다. 우리 속담에 '말을 낳으면 제주도로 보내고, 자식은 서울로 보내라.'라는 말이 있습니다. 그런데 서울이 아닌, 오히려 시골의 한 작은 마을에서 1963년부터 2014년까지 지나온 51년 동안 155명의 박사가 배출된 것입니다. 가구별로 통계를 내보니 열 두 집에 한 집씩 박사를 배출시켰다는 것입니다.〉

박사마을 이야기는 꽤 흥미로운 이야기임에 틀림없습니다. 누구나 다 공부라는 것을 하는데 어느 작은 시골 마을에서 공부의 꽃이라 할 수 있는 박사가 감자 넝쿨처럼 수두룩하게 쏟아져 나왔다니 관심이 가는 것이 사실입니다. 그 마을로 아이들 데리고 이사를 가야 하는 생각도 들고 말입니다. 그런데 이 이야기 또한 엄밀히 말해서 세상 모든 사람들이 다 관심을 표할 만한 즉, 세계적인 공감을 얻을 이야기라 주장하기는 어렵습니다.

그렇다면 어떤 이야기가 세상 사람들의 공감을 얻을 만한 이야기일까요? 저는 21세기 세상 사람들의 공감을 한꺼번에 받는 이야기는 노벨상 이야기가 아닐까 생각합니다. 노벨상은 이 시대의 주된 요구인 '혁신'(Innovation)을 주도하고 있기 때문입니다.

그런데 그 노벨상을 유대인들이 휩쓸고 있다는 것이 눈길을 끕니다. 그래서 〈유대인의 상술〉, 〈유대인의 교육〉, 〈유대인의 탈무드〉처럼 유대인에 관한 책들은 세계 모든 나라에서 베스트셀러가 되고 있습니다.

현재 지구에는 약 70억 명 정도의 인구가 살고 있습니다. 그 가운데 우리나라 인구는 남북한을 합쳐 약 7,500만 명으로 지구 전체 인구의 약 1%를 조금 넘고 있습니다. 그리고 유대인은 세계 인구의 0.2%를 차지하고 있을 뿐입니다.

그런데 우리나라는 노벨상 수상자가 단 한 명인데 반해, 유대인들은 1901년 노벨상이 제정된 이래 지금까지 190여 명이 노벨상을 수상했습니다. 이는 노벨상 전체 수상자의 22%에 해당합니다.

우리나라와 유대인을 비교하여 더 자세히 노벨상 수상자를 살펴보면, 우리나라가 수상한 노벨상은 노벨 평화상을 수상한 김대중 전 대통령 단 한 사람인데 반해, 유대인들은 주로 과학 분야에서 노벨상을 많이 수상했습니다.

가까운 예로, 2013년에는 전체 12명의 노벨상 수상자 가운데 6명의 유대인들이 노벨 화학상, 노벨 물리학상, 노벨 생리학 · 의학상을 휩쓸었습니다. 또한 노벨 경제학상을 수상한 유대인들의 기록은 다른 어떤 나라와도 비교가 불가능합니다. 지금까지 노벨 경제학상 수상자는 65%가 유대인들이기 때문입니다.

이 정도로 유대인들이 노벨상을 휩쓸다보니 유대인들조차 '우리가 정말로 그렇게 똑똑한 사람들인가?' 라는 질문을 제기한다고 합니다. 왜 유대인이 이렇게 노벨상을 휩쓰는가에 대한 질문에 노벨상을 수상한 노르웨이 출신의 물리학자 게이바 교수는 '유대인은 항상 궁금증을 가지고 질문을 하기 때문' 이라고 답했다고 합니다. 그렇다면 우리나라 사람들은 궁금증을 가지고 질문을 하지 않기 때문에 노벨상을 그렇게 수상하지 못하는 것일까요?

유대인의 속담 가운데에는 '질문하지 않으면 유대인이 아니고, 반대하지 않으면 유대인이 아니다.', '유대인 2명이 모이면 3가지 의견이 나온다.' 라는 속담이 있다고 합니다. 그만큼 유대인들은 창조적인 인간을 만드는 일에 혼신의 힘을 쏟는다는 것입니다. 그렇다면 왜 유대인들은 다른 어떤 것보다 창조적인 인간을 만드는 일에 그토록 혼신의 힘을 쏟는 것일까요?

1. 유대인의 혁신Innovation과 노벨상

노벨상

노벨상(Nobel Prize)은 다이너마이트 발명가로 유명한 스웨덴의 알프레드 노벨이 1895년에 작성한 유언에 따라 매년 인류의 문명 발달에 학문적으로 기여한 사람에게 주어지는 상입니다. 노벨상은 1901년부터 노벨 물리학상, 노벨 화학상, 노벨 생리학·의학상, 노벨 문학상, 노벨 평화상을 수여하는 세계에서 가장 권위 있는 상입니다. 1969년부터는 노벨 경제학상이 추가되었습니다.

세계인들이 주목하는 올림픽 경기나 월드컵 경기조차도 최소한 그 경기를 개최하는 개최지 홈그라운드 이점이 있습니다. 하지만 노벨 재단은 후보 심사나 수상자 결정에 관여하지 않고, 평화 부문은 노르웨이 노벨위원회에서, 물리학과 화학, 경제학 부문은 스웨덴의 왕립과학아카데미에서, 문학 부문은 스웨덴 아카데미에서, 생리학 · 의학상 부문은 카롤린스카 의학연구소에서 각각 전담하여 노벨상을 수여합니다. 때문에 홈그라운드의 이점 같은 것은 상상도 할 수 없을 정도로 세상에서 가장 공정하고 권위 있는 상으로 널리 알려져 있습니다. 그래서 노벨상을 수상하면 수상자와 그 수상자를 배출한 나라가 영광으로 여기는 것입니다. 노벨상 수상자는 금으로 된 메달과 표창장, 그리고 800만 크로나(한화로 약 12억 원)의 상금을 받습니다.

노벨상을 수상하는 것이 수상자에게 영광이라면, 노벨상을 수상한 사람이 인류에 끼치는 영향은 혁신이라 할 수 있습니다. '혁신'(Innovation)이라 함은 '낡은 것을 바꾸거나 고쳐서 아주 새롭게 하는 것'을 일컫습니다. 다시 말해, 혁신은 이제까지 이루어지지 않았던 새로운 방법이 도입되어 관습, 조직,

방법 등을 완전히 바꿔 새롭게 하는 것입니다.

오늘날 혁신은 주로 신기술과 기업 경영에서 많이 쓰이고 있습니다. 20세기와 21세기에 이 혁신을 놀랍게도 유대인들이 이끌고 있는 것입니다. 그런데 유대인 하면, '혁신' 이라는 단어보다는 '고난' 이 많았던 민족이라는 생각이 더 먼저 드는 이유는 무엇 때문일까요?

2. 유대인들은 DNA가 다른가?
– 노예 생활과 학살 경험

B.C.20세기 즈음에 아브라함으로부터 역사를 시작한 유대인들은 이집트에서 채찍으로 맞으며 약 200년간 노예 생활을 한 적이 있습니다. 그러다 출애굽(Exodus)하여 지금의 이스라엘 땅을 차지해 살았습니다. B.C.10세기 다윗이 그들의 왕이었을 때에는 고대 근동의 중심이 그들인 적도 있었습니다.

그러나 유대인들은 B.C.8세기부터 고대의 제국들인 앗수르, 바벨론, 페르시아, 헬라 제국에게 지배를 받았습니다. 특히 바벨론에게 지배를 받을 때에는 유대인들이 바벨론으로 끌려가 그곳에서 70년간 또다시 노예 생활을 하기도 했습니다. 그렇게 여러 제국들의 지배를 받던 유대는 헬라 제국에 이어서 로마 제국에게까지 지배를 받다가 A.D.70년 로마 제국에 의해 완전히 멸망했습니다. 그 후로부터 유대인들은 1948년까지 전 세계에 흩어져 살았습니다. 그러는 가운데 히틀러에 의해 유대인 600만 명이 한꺼번에 학살을 당하는 참사를 당하기도 했습니다.

그런데 나라를 잃은 지 1,878년 만인 1948년, 거짓말같이 유대인들은 다시 이스라엘로 모여들어 그동안 그 땅에 살고 있었던 사람들과 전쟁을 벌여 내쫓고 다시 전 세계의 주목을 받고 있습니다. 남의 나라에 이민을 가서 두 세대만 지나도 민족의 정체성과 언어를 잊어버리는 것이 보통입니다. 그런데 유대인들은 1,800년이 넘는 오랜 세월 동안 각자 다른 나라에 흩어져 살아왔음에도 불구하고 민족의 정체성과 그들의 언어를 잊지 않았습니다.

이는 그들이 세계 여러 나라에 흩어져 살면서 종족 보존이 어렵게 되자 부계 혈통의 계승 전통을 모계 혈통의 계승 전통으로 바꾸었기 때문에 가능했습니다. 또한 유대인들이 혈통적

A.D.70년 예루살렘 성의 멸망 (데이비드 로버츠 作)

유대인보다 유대교 신앙을 신봉하는 사람이면 누구든지 유대인으로 받아들였기 때문이기도 했습니다.

여기에 더 중요한 사실은 유대인 어머니들이 '모국어'(Mother Tongue)의 뜻을 정확하게 이해하고 그 뜻을 사수했기 때문입니다. 다시 말해 유대인 어머니들은 그들의 자녀들에게 모국어를 책임지고 가르쳤습니다. 그래서 유대인들은 그들이 살고 있는 나라의 언어는 물론이고, 누구나 그들의 모국어를 읽고 쓸 수 있습니다. 그러니 1,878년 동안이나 나라가 없었음에도 불구하고 언어와 함께 민족정신이 살아남은 것입니다. 그리고 남은 비밀이 하나 더 있습니다. 그 비밀은 다름 아닌 그들의 비밀 병기 〈패밀리 스쿨〉(Family School)입니다.

서양 속담에 '은수저를 물고 태어났다.'라는 말이 있습니다. 하지만 유대인의 역사는 은수저와는 거리가 멀어도 한참 멉니다. 유대인의 DNA에는 일단 은수저가 없습니다. 그리고 그들의 DNA에는 고통과 고난의 역사가 들어 있습니다.

유대인 하면 오늘날에도 이스라엘에 살고 있는 유대인보다

'디아스포라 유대인' (Diaspora Jewish) 즉, 흩어져 사는 유대인이 먼저 떠오를 정도로 여전히 세계 각국에 흩어져 살고 있는 유대인이 많이 있습니다. 유대인들은 상당수가 1948년 이스라엘로 모여들었지만, 여전히 유대인들은 현재에도 약 1,400만 명이 전 세계 134개국에 흩어져 살고 있기 때문입니다.

민족이 함께 모여 사는 것도 아니고 전 세계에 흩어져 살고 있는 유대인들이 20세기와 21세기 혁신을 주도하고 있다는 것은 유대인의 DNA가 다른 민족과 달리 월등해서가 아니라, 유대인들이 지금까지 다른 민족들과는 비교조차 할 수 없는 고통과 고난을 이겨내고 '살아남은' (Survival) 3,500년 역사를 가진 그들만의 비밀 병기 〈Family School〉이 여전히 건재하기 때문입니다.

Ⅱ

유대인들이 존경하는 두 사람 – 모세, 다윗

유대인들에게 지난 오랜 과거로부터 현재까지 가장 존경하는 두 사람을 꼽으라고 하면 그들은 단연 모세와 다윗을 꼽습니다. 모세와 다윗은 유대인들의 조상인 이스라엘 민족의 '나라와 민족'의 정체성을 세우고 확립한 사람들이기 때문입니다.

그래서 유대인 가정에서는 유대인 부모들에 의해 모세와 다윗 이야기가 끊이지 않고 계속해서 그들의 자녀들에게 전해지고 있습니다. 유대인들이 가장 좋아하는 두 사람 가운데 먼저 모세를 살펴보겠습니다.

모세

3. 출애굽Exodus 협상

모세는 어떤 무기도 없이 단지 지팡이 하나 들고 혈혈단신(孑孑單身)으로 이집트에 들어가 이집트의 왕 파라오와 6개월간 9번 협상을 하고 이집트에서 노예 생활을 하고 있던 자기 민족을 구출해 내온 사람입니다.

모세는 이집트의 왕 파라오와 '구걸'이 아닌 '협상'을 통해 자기 민족 전체를 다 구출해냈는데, 그 과정에서 자기 민족 구성원 전체를 머리카락조차도 상하지 않게 완벽하게 모두 구출해냈습니다. 당시 이집트에는 모세의 동족들인 아브라함의 후손들 약 60만 명이 히브리 민족이라 불리며 무임금 유노

동으로 노예 생활을 하고 있었습니다.

그들의 숫자가 60만 명이라고 기록된 것은, 고대의 인구조사 방식대로 20세 이상 60세 미만으로 전쟁에 나아갈 만한 남자 숫자만을 계수했기 때문입니다. 그러므로 그 장정들의 파트너들인 60만 명의 여자들과 노인과 어린아이들을 다 합하면 약 200만 명 이상 되는 아브라함의 후손들이 당시 이집트에서 노예로 살고 있었습니다. 그런데 모세가 이집트에서 노예 생활을 하고 있던 자기 민족을 해방시켜 데리고 나오겠다고 파라오와 협상 테이블에 앉은 것입니다.

이집트의 왕 파라오가 모세의 요구에 따라 협상 테이블에 마주 앉아준 것은 그나마 모세가 이집트의 전직 왕자였기 때문입니다. 만약 모세가 히브리 민족의 노조위원장 정도였다면 파라오는 모세를 만나주기는커녕 거들떠보지도 않았을 것입니다.

그런데 그 협상 테이블에 앉은 모세의 요구는 임금 협상 정도가 아니라, 노예해방 협상이었습니다. 당시 히브리 노예들은 이집트 건축의 꽃을 피우는 데 최전선에 있었습니다. 그러니 협상이 순조롭게 성사될 리가 없었습니다. 협상은 구걸이 아니기 때문에 각자 카드를 들고 협상 자리에 임해야 합니다. 모세가 협상 테이블 자리에 들고 나간 카드는 '기적'(Miracle)이었습니다. 그러자 파라오는 나일 강을 기반으로 하는 이집트의 '문명'(Civilization)을 기적의 대항마로 내놨습니다.

6개월에 걸쳐 9번의 협상이 이루어지다가 마침내 파라오가 협상 테이블을 걷어차 버렸습니다. 120만 명의 무임금 유노동 히브리 남녀(男女) 노예들을 결코 해방시켜줄 수 없다는 것이 파라오의 최후통첩이었습니다. 그리고 파라오는 모세가 한 번만 더 협상을 요구하면 그때는 모세를 죽여버리겠다고 말했습니다. 협상이 결렬된 것입니다. 그러자 모세가 10번째 협상 대신 새로운 카드를 내놨습니다. 다름이 아니라, 당시 히브리 민족의 가정 수대로 한 가정당 양 한 마리씩 해서 양 22,000마리를 잡은 것입니다.

그날 밤 양 22,000마리가 죽임을 당했습니다. 그리고 그 양들의 피가 히브리인들이 사는 각 가정의 집 대문에 발라졌습니다. 그랬더니 그날 밤 놀라운 일이 벌어졌는데 다름이 아니라, 이집트 왕의 가정에서부터 일반 모든 백성의 가정까지 각 가정의 장남들이 다 죽은 것입니다. 심지어 이집트 가정에는 짐승의 첫 새끼들까지도 다 죽었습니다. 이집트 전국에서 밤새 동곡 소리가 울려 퍼졌습니다.

그런데 히브리 민족이 사는 지역에서는 아무 소리도 들리지 않았습니다. 파라오는 히브리 민족이 다 죽었나 하고 이집트 병사들을 보내보았습니다. 돌아온 이집트 병사들은 히브리 가정에는 어떤 집도 장남이 죽지 않았고, 대신 각 가정의 집 대문에 양의 피가 발라져 있었다고 보고했습니다.

파라오는 피가 거꾸로 솟는 것 같은 섬뜩함을 참지 못하고 당장 히브리인들에게 이집트 땅을 떠나라고 명령했습니다. 모세가 나타난 이래로 지난 6개월간 이집트는 9가지 재앙으로 온 나라가 피폐해질 대로 피폐해졌는데, 이제 이집트 각 가정의 장남들마저 다 죽자 더 이상 히브리 사람들은 꼴도 보고 싶지 않았던 것입니다.

그래서 갑자기, 그러나 모세의 계획대로 유대인의 조상인 아브라함의 후손들, 다시 말해 이집트 사람들이 히브리 민족이라 불렀던 그들은 이집트에 들어간 지 430년 만에 큰 민족을 이루고 이집트에서 나오게 되었습니다. 그리고 그들은 출애굽하여 사막에서 처음으로 그들의 나라를 세우면서 아브라함의 손자 이름이었던 '이스라엘'(원래 이름은 야곱이었음)을 그들의 나라 이름으로 정했습니다.

처음에 아브라함의 후손들이 이집트에 들어갔던 이유는 당시 고대 근동에 발생했던 엄청난 흉년 때문이었습니다. 아브라함의 손자 야곱이 그의 가족 70명을 데리고 흉년을 피해 이집트에 들어갔다가 430년 만에 약 200만 명 이상 되는 큰 민족이 되어 이집트에서 다시 나온 것입니다. 그리고 그들은 이스라엘이라는 나라 이름을 가지고 이제 그들의 조상 아브라함이 원래 살았던 땅으로 되돌아가기 위해 사막을 통과하게 되었습니다. 그들의 지도자는 이집트의 왕 파라오와 당당하게 맞섰던 이집트의 전직 왕자 출신 모세였고 말입니다.

4. 로스쿨 Law School

'무슨 일이든지 주체성 없이 남이 시키는 대로 하거나 남이 눈치만 살피는 성실' 을 일컬어 노예근성이라 말합니다. 그런데 누가 노예근성을 가지고 싶겠습니까?

그들에게 주어진 환경이 어쩔 수 없어서 그런 근성도 성질이라고 가지게 된 것이겠지요. 그리고 노예는 일단 교육의 혜택에서 가장 먼 사람들로서 교육을 통해 교정받을 기회조차 박탈당했기에 채찍이 아프다는 것 외에는 별다른 판단이 가능하지도 않은 사람들입니다.

모세가 이집트에서 목숨 걸고 구출해낸 자기 민족 200만 명은 그 당시 안타깝게도 노예근성에 찌들어 있던 사람들이었습니다. 이집트 군인들이 히브리 가정에 군화를 신은 채로 들어와 그 가정에 아들이 태어났다는 것을 확인하고 그 아들을 나일 강에 던져도 감히 말 한마디 못하며 눈물을 속으로만 흘렸던 사람들이었습니다. 그들의 등에는 채찍 맞은 자국이 선명했고, 그들의 조상 아브라함이 살았던 곳으로 되돌아간다고 하지만 그곳이 어떤 곳인지조차 모르는 그런 사람들이었습니다.

모세가 그런 사람들을 이끌고 이집트에서 나와 드디어 시내산에 숙영지를 세웠습니다. 그런데 야외 생활이라는 것이 일단 불편하기 이를 데 없는 것이 사실입니다. 그리고 그곳은 야영하기 좋은 휴양지가 아니라, 낮에는 찌는 듯 덥고 밤에는 살을 에는 추위가 밀려오는 물도 없는 사막이었습니다.

그러니 처음에 이집트에서 나올 때는 좋았지만 시간이 지날수록 사람들 사이에 불평과 불만이 쏟아져 나오는 것이 오히려 당연했을지도 모릅니다. 시간이 지날수록 불평과 불만이 그들의 일상이 되어갔습니다. 이집트에서는 그래도 먹고, 자고, 잘 살았는데 모세 때문에 괜히 그 이집트에서 나와 사막 한가운데서 생고생만 한다고 투덜댔습니다.

그러던 어느 날 그들이 모세에게 한 가지 제안을 했습니다. 과거에 그들의 조상 아브라함이 살았던, 그러나 그 당시에는 누군가 살고 있는 그 땅이 어떤 땅인지, 그리고 그 땅을 어떻게 차지할 것인가 미리 정탐을 보내보자고 한 것입니다. 그래서 모세가 이를 수용해 12명의 대표를 선출해 아브라함이 살았던 곳으로 정탐을 보냈습니다. 그리고 40일이 지났습니다.

40일 만에 정탐을 떠났던 12명이 되돌아왔습니다. 그런데 12명 가운데 2명만이 그 땅을 차지할 수 있다는 긍정적인 답을 제시한 반면, 다른 10명은 그 땅에 살고 있는 사람들이 다 거인같이 크고 힘이 세 보였기 때문에 그들을 물리치고 그 땅을 차지하는 것은 불가능할 것 같다고 말했습니다.

그러자 200만 명에 달하는 이스라엘 모든 백성들이 한꺼번에 울고불고 난리를 피우기 시작했습니다. 모세를 원망하는 난

이스라엘을 향한 모세의 설득
(Providence Lithograph Company의 바이블 카드 삽화)

리였습니다. 심지어 모세를 결박해 끌고 다시 이집트로 돌아가자고 하는 사람들의 수가 대세를 이룰 정도였습니다.

그 소동 끝에 아브라함이 살던 땅으로 들어가는 것이 40년간 보류되었습니다. 40년간 사막에서 교육을 좀 시켜서 그 땅에 들어가기로 결정되었습니다. 이는 물론 모세가 하나님의 뜻을 따른 것입니다. 그래서 시작된 것이 사막에서의 40년간의 로스쿨(Law School)이었습니다.

태어난 지 3개월 되던 시점부터 40세까지 이집트 왕실에서 '제왕학'을 공부했던 당대의 지식인 모세는 출애굽 당시 이미 나이가 20세를 넘긴 사람들의 교육은 포기했습니다.

모세의 로스쿨은 이집트에서 나올 때 아직 20세를 넘기지 않은 청소년들, 그리고 사막에서 새로 태어난 아기들을 대상으로 시작한 것입니다. 그들에게 모세는 자신이 직접 쓴 책을 교과서로 하여 지금으로부터 3,500년 전에 세상에서 처음으로 로스쿨을 열고, 창세기, 출애굽기, 레위기, 민수기, 신명기를 교육시켰습니다.

인류 최초의 로스쿨은 그렇게 20세 미만의 청소년들과 어린 아이들을 대상으로 모세가 직접 쓴 교재를 가지고, 모세가 사막에서 직접 강의하며 시작되었습니다. 오늘날 유대인들이 다른 민족에 비해 조금이라도 특별한 DNA를 가졌다면, 그 근원은 다름 아닌 모세의 40년간의 사막 로스쿨 때문일 것입니다.

5. Family School
– 나라와 민족 이야기

사막에서의 40년간의 로스쿨 전 과정이 끝날 시점이 되어가고 있었습니다. 출애굽한 지 40년 만에 드디어 그들이 조상 아브라함이 살았던 땅을 목전에 두고 있었고, 모세가 120세가 되어 그의 수명이 다해가고 있었습니다.

그리고 모세에게 교육받은 모세의 로스쿨 제자들 60만 명 모두 월등한 법조인들이자 사회인들이 되었습니다. 40년간의 로스쿨을 통해 이스라엘 나라의 국민 가운데 20세 이상 60세 미만으로 전쟁에 나아갈 만한 장정 60만 명이 모두 나라의 법을 완벽하게 숙지하고 모세를 뛰어넘을 만한 월등한 지식인들로 완전히 탈바꿈되었습니다. 세상에 이런 민족이 또 어디에 있겠습니까.

모세가 드디어 60만 명의 제자들을 모두 한자리에 모아놓고 로스쿨 졸업식 축사를 했습니다. 그 축사는 지난 40년의 교육을 뛰어넘는 또 다른 교육의 시작이었습니다. 모세가 이스라엘 모든 가정에서 〈Family School〉을 'OPEN' 하라고 한 것입니다. 그 당시 그들에게는 약 23,000개의 가정이 형성되어 있었는데, 모세는 그들에게 23,000개의 〈Family School〉을 열라고 했습니다.

그리고 그 〈Family School〉의 교재와 교사, 학생에 대한 범위까지 완벽하게 정해주었습니다. 모세의 로스쿨이 이스라엘의 〈Family School〉로 진보하게 된 것입니다.

다음은 모세가 이스라엘 각 가정에서 'OPEN' 하게 했던 〈Family School〉의 학교 규정입니다.

〈이스라엘 23,000개의 〈Family School〉 학교 규정〉

교재 : 모세가 직접 집필한 5권의 이야기책

강의 내용 : 나라와 민족의 정체성 교육을 이야기식으로

교사 : 모든 가정의 부모

학생 : 모든 가정의 자녀

학생의 요건 : 만 5세부디 (From Infancy)

교육 시간 : 집에 앉았을 때, 길을 걸을 때, 잠자리에 들 때,
아침에 일어날 때

모세가 이스라엘 전 국민을 대상으로 실시하게 한 〈Family School〉은 부모가 자녀에게 이야기로 민족과 나라를 가르치는 교육입니다. '이야기'를 교육의 방법론으로 삼은 것입니다. 이야기는 쉽고, 재미있고, 이어지기 때문에 이야기만큼 교육의 좋은 방법이 없습니다.

모세의 〈Family School〉 아이디어는 어디에서 왔을까요? 〈Family School〉은 말 그대로 '가정 학교'이니 그의 가정에서 힌트를 얻을 수 있었을까요? 모세가 태어나서 3개월간 자랐던 모세의 가정은 여느 가정과 비교해 손색이 없을 정도로 매우 화목한 가정이었습니다.

가족 간의 화합이 얼마나 잘되는 집안이었던지 이집트가 국가정책으로 히브리 민족의 가정에 아들이 태어나면 죽이던 시기였는데, 그때 태어난 그 집안의 아들 모세를 살리기 위해 아버지는 갈대를 꺾어 와서 갈대 상자를 만들었습니다. 어머니는 3개월 된 아들을 갈대 상자에 태웠습니다. 그리고 누나는 강에 띄운 갈대 상자를 따라가며 망을 보았습니다. 환상의 팀워크를 자랑하는 가정이 아닐 수 없습니다.

그런데 이 가정에는 가족 간에 어떤 문제도 없었지만 이 가정이 속한 그 민족은, '민족은 있으나 나라를 가지지 못한 민족'이었기에 이런 당황스러운 일로 가족이 환상적인(?) 팀워크를 이루어야 하는 사건을 만났던 것입니다. 개인이나 가정에 아무 문제가 없어도 민족 문제 혹은 나라 문제가 발생하면 개인과 가정의 행복이 순식간에 불행이 됩니다. 그래서 모세는 〈Family School〉을 통해 어린아이들에게 개인과 가정뿐 아니라, 민족과 나라를 교육시키게 했습니다.

어린아이들은 가정에서 부모의 입맛을 배웁니다. 그리고 부모의 언어를 배웁니다. 또한 부모가 가르쳐주는 것을 배웁니다. 부모가 가정에서 체계적이고 정확한 커리큘럼을 가지고 자녀를 교육한다면, 그 자녀는 당연히 훌륭한 사회인으로 잘 자랄 것입니다. 어린아이들은 무엇이 어려운지 쉬운지 모릅니다. 어렵고 쉽다는 것은 어른들의 경험과 판단일 뿐입니다.

어린아이들에게 나라와 민족을 교육한다는 것이 어른들 생각에는 어려운 공부라 생각될지 모르지만, 아이들에게는 나라와 민족 이야기나 콩쥐팥쥐 이야기나 다 같이 재미있는 이야기일 뿐입니다. 다시 강조하건대 이야기는 쉽고, 재미있고 이어지기 때문입니다.

오늘날에도 유대인들은 각 나라에 흩어져 살면서 초등학교에 입학하기 선에 부모를 통해 자기 나라와 민족 이야기를 먼저 배웁니다. 각 가정의 〈Family School〉에서 자녀들은 부모를 통해 아브라함 이야기, 모세 이야기를 듣습니다. 그리고 다윗 이야기를 듣습니다. 그러고 나서 초등학교에 입학해 그때부터 자기들이 현재 살고 있는 나라와 나라에서 살아남을 수 있는 방법들을 배웁니다.

이처럼 한 살이라도 어렸을 때에 아이들이 큰 그림을 먼저 보아야 합니다. 작은 그림 수천 개를 보아도 그 수천 개의 작은 그림들이 큰 그림 하나가 되지 못하기 때문입니다. 〈Family School〉은 어렸을 때부터 부모를 통해 나라와 민족의 큰 그림을 배우는, 세상에서 가장 큰 학교입니다.

다윗

6. 이새의 Family School
– 물매와 권력의 공공성

키가 거의 3m에 달했다는 거인 골리앗(Goliath)은 3,000년 동안이나 유명한 사람의 카테고리에 들어갑니다. 물론 항상 '다윗과 골리앗' 이라고 늘 다윗 뒤에 그 이름이 따라다니는 형편이지만 말입니다. 골리앗이 3,000년 동안이나 유명한 이유는 '져서는 안 될 놈(?)한테 졌기 때문' 입니다. 더 안타까운(?) 사실은 골리앗의 사인(死因)이 다름 아닌 청소년 다윗이 평소에 양을 치면서 곰이나 사자를 잡을 때 사용하던 무기인 물매에 맞아서 죽임을 당했다는 것입니다.

그렇다면 블레셋의 거인 장수 골리앗이 동네 싸움도 아니고,

나라와 나라 사이에 벌어진 전쟁에서 어떻게 청소년과 '맞짱(?)'을 뜨는 불명예스러운 싸움을 하게 되었는지, 그것도 물매가 이마에 박혀 죽는 사상 초유의 사인(死因)으로 죽게 되었는지 궁금하지 않을 수 없습니다.

골리앗의 나라 블레셋(Palestine)과 이스라엘은 서로 코 닿을 만큼 가까운 거리에 마주하고 있으면서 툭하면 전쟁을 벌이는 사이였습니다. 대부분의 전쟁은 블레셋이 이스라엘을 침략하는 전쟁이었습니다. 다윗이 청소년이었을 때에도 블레셋이 이스라엘을 침략해왔던 것입니다. 그리고 그 전쟁에 골리앗이 등장했던 것이고 말입니다.

블레셋은 키가 사뭇마치 3m 가까이 되는 거인 골리앗을 대표로 내세워 이스라엘의 장수와 일대일로 한판 먼저 싸우고 나서, 본격적인 전쟁을 치르자고 했습니다. 그런데 안타깝게도 이스라엘 군에는 골리앗과 일대일로 싸울 만한 장수가 없었습니다.

그래서 40일간이나 블레셋 진영에서는 매일 아침 큰소리치며 아무나 한 놈 나오라고 이스라엘을 조롱했고, 이스라엘은 그 기간 내내 대안 없이 그저 쫄고(?)만 있었습니다. 그런 상황에서 청소년 다윗이 그 전쟁에 군인으로 참여한 자기 형들을 면회하고자 전쟁터로 찾아갔던 것입니다.

그런데 아무리 전쟁이라 할지라도, 어린 청소년 다윗이 듣기에 블레셋의 조롱과 무례함이 도를 넘었다는 생각이 들었습니다. 청소년 다윗이 〈Family School〉에서 배운 공(公)과 의(義)가 살아 있는 나라와 민족은 목숨 걸고 나가 싸워서 지켜야 하는 것이지 모독을 인내하는 것이 아니었습니다. 그래서 청소년 다윗이 사울 왕에게 자청하여 골리앗과 일대일 싸움을 하게 된 것입니다. 당시 이스라엘의 형편이 얼마나 한심했던지 군인들은 전쟁에서 다 뒤로 빠지고, 면회 갔던 한 청소년이 전쟁의 한가운데로 몸을 날렸습니다. 그래서 다윗과 골리앗의 싸움이 성사(?)되었고, 골리앗은 그날 이후부터 유명해졌습니다.

블레셋의 장수 골리앗과 이스라엘 청소년 다윗의 싸움은 3,000년이 지난 오늘날까지도 중요한 스포츠 경기에서 아나

운서들과 해설가들이 재미있는 경기 중계를 위한 좋은 양념으로 사용함으로 골리앗을 여전히 민망하게 하고 있습니다.

다윗이 골리앗을 물리친 공식적인 무기는 물매입니다. 그러나 유대인들은 그들의 자녀들에게 물매 외에 숨겨진 다윗의 다른 무기를 가르쳐줍니다. 그것은 우리의 생각과는 너무나도 다른 다윗의 '권력의 공공성' 이라는 무기입니다. 우리에게 '권력의 사유화' 라는 부정적인 말은 익숙해도 '권력의 공공성' 이라는 말은 매우 생소합니다.

그런데 다윗은 어린 시절부터 아버지에게 배워서, 다시 말해 〈이새의 Family School〉에서 나라와 민족 이야기를 배우며 나라와 민족의 핵심으로 공(公)과 의(義)가 살아 있는 '권력의 공공성' 을 충분히 습득했습니다. 그전에 먼저 나라와 민족을 지키고 보호해야 함은 기본이고 말입니다.

물매는 위급한 상황에서 곰이나 사자, 혹은 때로는 골리앗(?)을 잡는 데 좋은 무기일 수 있습니다. 그러나 물매가 늘 통(通)하는 것은 아닙니다. 개인과 가정을 넘어 나라와 민족을

다윗이 골리앗을 죽이다 (루벤스 作)

생각하는 사람은 언제든지 나라와 민족에 통하는 무기를 가져야 합니다.

다윗은 가정에서 〈이새의 Family School〉을 통해 나라와 민족에 통(通)하는 무기인 권력의 공공성을 잘 배워 평생 그의 삶 속에서 이를 실천하며 살았습니다. 다윗은 청소년 시절 골리앗과 맞서 싸웠을 때부터 왕이 되어 40년간 나라를 통치할 때까지 늘 공(公)과 의(義)가 살아 있는 나라와 민족을 생각했고, 그 나라와 민족에서 권력을 사유화하지 않고 권력의 공공성을 끝까지 지켰습니다.

그런 나라와 민족을 지키기 위해 다윗이 청소년 시절부터 목숨을 걸었던 것입니다. 다윗은 공(公)과 의(義)의 나라, 그리고 그 나라에서 펼쳐져야 하는 권력의 공공성을 생각했기에 먼저 그 나라를 위해 목숨까지도 바칠 각오를 할 수 있었습니다. 그래서 오늘날까지도 이스라엘 사람들, 즉 유대인들은 다윗을 가장 존경하고 닮고 싶어 하는 것입니다.

7. 민족분단 - 신뢰

유대인들은 그들의 기원(基源)을 아브라함이라 말합니다. 아브라함의 아들은 이삭이었고, 이삭의 아들 야곱 대(代)에 이르러 야곱(나중에 야곱의 이름이 이스라엘로 바뀜. 그리고 그의 이름 이스라엘이 나라 이름이 됨)에게서 12명의 아들이 태어납니다.

야곱의 12명의 아들이 이스라엘의 12지파가 된 것입니다. 이스라엘은 12지파 중심의 나라로 살아가다가 아브라함 이후 1,000년이 지나면서 왕정을 시행하게 됩니다. 이스라엘이 왕정 체제가 되면서 이스라엘 왕정에서 최초로 선출된 왕은 이스라엘 12지파 가운데 12번째의 막내 지파에 속했던 사울이었습니다.

사울은 처음에 이스라엘의 왕이 되었을 때에 매우 겸손한 사람이라는 평가를 받았었습니다. 그런데 블레셋이 이스라엘에 쳐들어와 전쟁이 발발한 과정에서 청소년 다윗이 블레셋의 장수 골리앗을 죽이며 나라의 영웅이 되었습니다. 그러자 사울 왕은 다윗을 시기하고 미워하며, 더 나아가 다윗을 정적으로 여겼습니다.

그리고 심지어 자기의 권력을 이용해 다윗을 죽이려고까지 했습니다. 그 기간이 자그마치 10년이나 되었습니다. 그 과정에서 사울 왕은 자기가 속한 지파인 베냐민 지파를 중심으로 다윗이 속한 유다 지파를 정치적으로 괴롭히며 권력을 사유화했습니다. 그래서 이스라엘은 공(公)과 의(義)가 실종(失踪)된 나라가 되었습니다.

그렇게 이스라엘의 초대 왕 사울이 권력을 사유화하자, 국민들은 불행한 삶을 살아야만 했습니다. 특히 다윗이 속한 유다 지파 사람들은 이스라엘 내에서 생존의 위협을 받을 정도였습니다. 그런 세월을 보내다가 사울이 왕이 된 지 40년째 되던 해에 또다시 블레셋이 이스라엘을 공격해왔습니다. 다시 이스라엘과 블레셋 사이에 전쟁이 일어난 것입니다. 이번에는 다윗이 나설 수도 없었습니다.

사울 왕은 자신의 세 아들을 데리고 전쟁에 직접 참여했습니다. 그런데 치열한 전투 과정에서 사울 왕과 그의 세 아들이 모두 전쟁터에서 전사(戰死)했습니다. 이스라엘이 국가적 위기에 처하게 된 것입니다. 그러나 그나마 불행 중 다행은 블레셋이 더 이상 전쟁을 진행시키지 않고 사울 왕과 사울 왕의 세 아들의 수급(首級), 그리고 이스라엘에서 충분한 전리품을 챙겨 자국으로 돌아가면서 이스라엘은 겨우 한숨을 돌리게 됩니다.

그러한 국가적 위기 가운데 사울 정권의 2인자 아브넬 장군은 12지파 가운데 다윗이 속한 유다 지파를 제외한 11지파를 이끌고 북쪽으로 수도까지 옮기며 사울의 막내아들을 허수아비 왕으로 앞세운 나라를 따로 세웠습니다. 12지파가 하나였던 나라가 11지파와 1지파의 나라로 둘로 나뉜 것입니다.

아브넬 장군은 나라와 민족, 그리고 권력의 공공성과는 상관없이 사울 왕에 이어 이번에는 자신이 권력을 사유화했습니다. 그러자 할 수 없이 다윗이 속한 유다 지파는 다윗을 그들의 왕으로 세웠고, 이스라엘은 그때로부터 한 민족 두 국가로 7년 6개월의 세월을 보냈습니다.

그렇게 한 민족 두 국가로 7년 6개월을 보내던 어느 날, 다윗이 오매불망 기다리던 소식을 듣게 되었습니다. 아브넬 장군이 11지파의 뜻을 모았다며 다윗과 드디어 이스라엘의 '통일'(Unification) 문제를 의논하자는 연락을 취해왔습니다.

우리 민족은 남북한 합쳐 7,500만 명이 '통일'이라는 단어를 모르는 사람이 없을 정도입니다.

그런데 사실 이 '통일'(Unification)이라는 단어는 매우 어려운 단어로 심지어 미국의 대학생 90%가 통일이라는 단어를 모른다고 합니다. 우리 민족에게는 지금도 민족의 과제이자 큰 숙제인 이 어려운 통일 문제를 지금으로부터 3,000년 전 정치인 다윗은 어떻게 해결했는지 살펴보겠습니다.

다윗은 7년 6개월간 남쪽의 1지파인 유다 지파를 다스리며 북쪽 지역을 차지했던 11지파를 지켜보았습니다. 그동안 다윗은 지역감정을 부추기는 얕은 정치를 하는 것이 아니라, 오히려 북쪽의 11지파를 품을 만한 큰 그릇으로 권력의 공공성을 충분히 지킬 사람으로 정리가 되어 있었습니다. 그리고 11지파 사이에서는 작은 문제들이 발생하고 있었는데 그들 사이에 내분의 조짐과 아브넬 장군의 개인 비리가 들통 나기 직전이기도 했습니다.

이렇게 통일의 분위기가 무르익자, 마침내 아브넬 장군이 다윗에게로 찾아와 일단 먼저 두 사람이 통일을 위한 비밀 회동을 가졌습니다. 그리고 두 사람 사이에 합의를 도출시켰습니다. 다윗과 아브넬 장군이 비밀 정상회담을 통해 결정한 통일국가 이스라엘에서는 다윗이 이스라엘 12지파 전체의 왕이 되고, 아브넬 장군은 이스라엘의 2인자 자리를 계속 유지하는 것이었습니다.

이렇게 두 정상이 통일 합의를 이룬 후, 아브넬 장군이 다시 북쪽으로 돌아가는 길이었습니다. 그런데 그때 다윗 정권의

2인자인 요압 장군이 이 역사적 회동을 없던 일로, 심지어 더 나쁜 상황으로 만드는 사건을 일으켰습니다. 요압 장군이 아브넬 장군을 뒤따라가서 그를 암살해버린 것입니다.

요압 장군이 아브넬 장군을 암살한 이유는 첫째, 통일왕국 이스라엘에서 아브넬 장군이 2인자가 되면 자신은 3인자의 자리로 물러나야 하는데 그것을 수용할 수 없다는 것입니다. 둘째, 과거에 아브넬 장군이 요압 장군의 동생 아사헬을 죽였기에 그에 대한 사적 원한을 갚은 것입니다.

아브넬 장군의 죽음으로 정국(政局)이 요동쳤습니다. 이스라엘 북쪽의 11지파 사람들은 다윗이 아브넬 장군을 비밀 회동을 하는 것처럼 불러서 그를 암살했다고 볼 수 있는 문제였습니다. 그 당시 상황으로는 아브넬 장군만 처리하면 북쪽 11지파의 왕은 허수아비이니 다윗이 이스라엘의 모든 권력을 가질 수 있었기 때문입니다.

다윗 입장이 참으로 곤혹스럽게 되었습니다. 모든 상황을 국민들에게 설명해도 믿을 사람이 얼마나 될 것인가 하는 문제였고, 또 그렇다고 다윗 정권의 2인자 요압 장군을 그 시점에 대놓고 처단할 수도 없는 일이었습니다.

그러자 다윗이 진심을 다해 울기 시작했습니다. 나라와 민족의 장래를 생각하며 진심으로, 그리고 온 맘으로 울었던 것입니다. 처음에 국민들은 다윗이 우는 이유에 대해 의심의 눈초리가 훨씬 많았었습니다. 혹시 다윗의 눈물이 '악어의 눈물'이 아닌가 하는 의심 때문이었습니다.

그런데 다윗이 하루, 이틀을 넘어 삼 일째 계속해서 울음을 그치지 않자, 국민들의 마음이 녹기 시작했습니다. 그리고 과거에 다윗이 청소년 시절에 목숨을 걸고 나라를 구했던 것을 기억해냈습니다. 여기에다 다윗이 속한 유다 지파 사람들의 다윗에 관한 증언이 11지파 사람들의 마음을 돌이키는 데 큰 역할을 했습니다.

유다 지파 사람들은 지난 7년 6개월간 다윗을 가까이에서 지켜본 결과 다윗이 권력을 사유화할 사람이 아니고, 권력의 공공성을 지킬 사람이라고 11지파 사람들에게 다윗에 대해 증

다윗 왕 (산타마리아 마조레 성당)

언했을 것입니다.

그러자 원래 같은 아브라함의 후손들이었던 그들이 서로에게 마음을 열기 시작했습니다. 지난 오랜 세월 사울이 만들어놓았던 그 거짓 패러다임에 속아서 다윗을 의심했었다는 사실을 깨닫게 된 것입니다. 다윗의 눈물로 진실이 마침내 밝혀지게 되었습니다. 그래서 다윗은 온 국민의 신뢰를 받게 되고, 한 민족 두 국가가 다시 하나가 되었습니다.

7년 6개월만에 다시 하나가 된 이스라엘에서 다윗은 그 후로 33년간 나라를 통치했습니다. 그런데 놀라운 사실은 다윗이 7년 6개월간 한 지파의 왕이었을 때나, 12지파 전체의 왕이 된 후에나 그의 권력의 공공성에 대한 생각에는 흐트러짐이 없었다는 것입니다.

어려서 〈Family School〉에서 배운 대로 끝까지 나라와 민족에 대한 생각을 반듯하게 지켜나가며 권력을 사유화하지 않았던 것입니다. 그래서 처음에도, 그리고 오늘날까지도 유대인들에게 다윗은 '역시 다윗' 이라는 평가를 받고 있습니다.

8. 쿠데타
– 책사들의 전쟁

다윗이 한 민족 두 국가의 어려움을 눈물로 이겨내며 민족적 신뢰를 회복했다면, 쿠데타가 발생했을 때는 책사들을 통한 노련한 정치로 나라를 다시 한 번 든든한 반석 위에 올려놓았습니다. '쿠데타'(coup d'État)란, 정부에 일격을 가한다는 뜻으로, 무력(武力)으로 정권을 무너뜨리거나 빼앗는 일을 통상적으로 지칭하는 말입니다. 이런 쿠데타를 지금으로부터 3,000년 전 정치가인 다윗이 직면했습니다. 정적이 일으킨 쿠데타도 아닌, 아들이 일으킨 쿠데타를 당했던 것입니다.

미국의 정치학자 헌팅턴(Samuel P. Huntington)은 쿠데타의 성격을 크게 세 가지로 분류했습니다. 첫째는, 변혁적 쿠데타로 혁명적인 군부를 주축으로 정부에 반기를 들어 새로운 관료집단 체계 생성을 목표로 하는 쿠데타입니다. 둘째는, 친위 쿠데타로 권력을 쥐고 있는 측이 반대파를 숙청하고 더 큰 권력을 얻기 위해 스스로 벌이는 자작극 쿠데타라 할 수 있습니다. 셋째는, 거부 의사 쿠데타로 군부에 대한 일련의 저항 움직임에 대해 억압과 학살의 방향으로 자행되는 쿠데타입니다.

헌팅턴의 분류에 의하면, 다윗의 아들 압살롬이 일으킨 쿠데타는 첫 번째로 분류된 변혁적 쿠데타로 자기 아버지 다윗 정부에 대해 혁명적 군부를 이끌고 반기를 든 쿠데타였습니다. 자신의 아들 압살롬이 쿠데타를 일으켰다는 소식을 듣자, 다윗이 일단 왕궁에서 도망쳤습니다.

그런데 도망 길에서 다윗은 그만 그 자리에 철썩 주저앉을 만한 소식을 듣게 되었습니다. 다름이 아니라, 다윗의 아들 압살롬 곁에 당대 최고의 책사라 할 수 있는 아히도벨이 함께 있다는 것이었습니다.

다윗은 웬만해서는 당황하거나 주저앉는 스타일이 아닙니다. 그는 청소년 시절부터 곰과 사자, 골리앗과 맞서 싸웠고, 사울 왕의 정치적 탄압을 10년이나 버텨냈으며, 한 민족 두 국가의 어려움도 뚫고 극복해낸 산전수전(山戰水戰)을 다 겪은 노련한 사람이었기 때문입니다.

그런데 아히도벨이 얼마나 대단한 책략가였던지 그런 다윗을 주저앉게 했던 것입니다. 나라와 나라 사이의 전쟁은 군수물자가 가장 중요한 요인이라면, 쿠데타는 책사들의 전쟁이라 할 만큼 책사가 중요한 요인임을 다윗이 정확하게 알고 있었기 때문입니다.

다윗은 자기 아들 압살롬이 비밀리에 쿠데타를 준비하고 일으켰다는 사실에 대해 잠시 놀라기는 했지만, 아들을 정확하게 잘 알고 있기 때문에 조금만 시간이 지나면 이 문제는 어렵지 않게 해결할 수 있다고 생각했었습니다. 그런데 상대가 압살롬이 아닌 아히도벨이라면 문제가 생각 이상으로 심각해진 것입니다. 그만큼 아히도벨은 대단한 사람이었습니다.

그런데 다행히 얼마 후, 아히도벨과 견주어 손색이 없는 또 다른 책략가 후새가 다윗을 찾아왔습니다. 후새는 다윗에게 천군만마(千軍萬馬)와 같았습니다. 그러자 다윗은 후새를 압살롬 진영으로 거짓투항을 하게 했습니다. 그리고 다윗은 후새의 입에 '말'을 넣어주었습니다. 후새가 압살롬을 찾아가서 해야 할 말은 "왕이시여! 저는 압살롬 왕의 종입니다. 전에는 왕의 부친이신 다윗 왕의 종이었지만, 이제부터 저는 압살롬 왕의 종입니다." 바로 이 말이었습니다. 다윗이 후새의 입에 넣어준 이 말은 쿠데타의 일반심리를 정확하게 아는 다윗의 '신의 한 수'였던 것입니다. 그리고 이것은 압살롬 진영 안에 내분을 만들기 위한 고도의 방책이 되었습니다.

그사이 왕궁에서는 아히도벨의 방책으로 낯 뜨거운 사건이 전개되고 있었습니다. 압살롬의 쿠데타는 다윗 왕의 아들이 벌인 쿠데타였기 때문에 혹시 다윗이 아들을 이용해 벌인 친위 쿠데타가 아닌가 하고 의심하는 사람들이 많았던 것입니다.

그래서 압살롬의 쿠데타가 다윗이 사주하는 친위 쿠데타가 아님을 증명하기 위해 아히도벨은 대낮에 왕궁 옥상에 텐트를 치게 했습니다. 그리고 그 텐트 안에서 다윗의 후궁들을 범하라고 압살롬에게 조언을 했습니다. 압살롬은 아히도벨의 조언에 따라 자신이 일으킨 쿠데타가 친위 쿠데타가 아님을 증명하기 위해 아버지의 후궁들을 왕궁 옥상 텐트로 이끌어 범했습니다.

그러자 많은 사람들이 압살롬의 쿠데타가 다윗이 사주하는 친위 쿠데타가 아님을 확신하게 되면서, 그동안 다윗에게 작은 불만이라도 있었던 사람들은 압살롬에게로 몰려들었습니다. 다행히 후새도 그런 부류의 사람으로 보였던 것입니다.

그런데 다윗과 이번 쿠데타의 두 주역이 되는 책사들인 아히도벨과 후새까지 아는 쿠데타의 일반심리를 압살롬은 모르고 있었습니다. 소수가 비밀리에 준비한 쿠데타는 성공 후에 합류하는 사람들에 대해 필요 이상으로 과한 대접을 한다는 것을 말입니다. 그래서 다윗은 후새의 입을 통해 압살롬에게 달콤한 아부의 말을 하게 했고, 압살롬은 그때부터 아히도벨보다 후새 쪽으로 마음이 기울었는데 이것이 바로 쿠데타의 일반심리였던 것입니다.

한편, 계속해서 도망 길에 있었던 다윗에게는 당장은 악재(惡材)이나 길게 봐서는 호재(好材)가 되는 사건이 하나 발생했습니다. 시므이라는 사람이 다윗의 아들 압살롬이 쿠데타를 일으켰다는 소식을 듣고 다윗을 조롱하고자 다윗 앞에 나타났던 것입니다.

시므이는 다윗 왕의 목전에서 온갖 욕설을 퍼부었습니다. 사울 정권이 끝나고 다윗 정권이 들어선 이래로 지난 세월 동안 자신이 불행했다고 생각했던 만큼 다윗에게 입에 담지 못할 만한 심한 욕설을 퍼부은 것입니다.

왜냐하면 시므이는 사울 왕이 통치했던 시절 사울 왕과 같은 베냐민 지파로서 왕이 챙겨주는 사적 이익이 차고 넘쳤었기에 그때를 그리워하는 사람이었던 것입니다. 그동안 시므이는 숨어서 다윗에게 '악플'(?)을 다는 재미로 살았었는데 이제 대놓고 다윗에게 욕을 하니 너무나 속이 시원했을 것입니다.

지난 세월 다윗은 최선을 다해 공(公)과 의(義)를 실현하는 정치를 해왔음에도 불구하고, 과거 40년간 사울이 시행했던 권

다윗을 저주하는 시므이 (찰스 혼 作)

력의 사유화 속에서 사울 집안이 누렸던 기득권을 다윗 정권에서 행사하지 못하게 된 사람들이 그렇게 불만을 품고 있었습니다.

시므이의 욕설이 도를 넘자, 다윗과 도망 길을 함께하던 다윗의 한 신하가 자신이 시므이를 쳐 죽이겠다고 다윗에게 허락을 구했습니다. 그러자 다윗이 이를 만류했습니다. 다윗이 이때 한 말은 "내 아들도 나를 배신하며 쿠데타를 일으켰는데, 하물며 사울 지파 사람이 과거를 그리워하며 이 정도로 나를 욕하는 것은 들어도 참을 만하다."라는 것이었습니다. 그리고 "오히려 이 일로 내게 더 좋은 일이 일어날지 두고 보자."라는 의미심장한 말을 했습니다.

다윗에게 이런 일이 일어나고 있었던 시간, 왕궁에서는 후새가 압살롬 진영으로 합류한 사실이 큰 뉴스거리였습니다. 드디어 모든 권력이 완벽하게 압살롬에게 집중되고, 다윗이 고립무원(孤立無援)이 되었다고 다들 생각했습니다. 압살롬 진영은 도망한 다윗에 대한 마지막 처리 문제만 해결하면 쿠데타가 완전하게 성공하는 것이라 판단했습니다.

아히도벨이 다윗 문제를 처리하기 위한 방책을 내어놓았습니다. 아히도벨은 속전속결로 군사들을 동원해 다윗을 쫓아야 한다고 말했습니다. 그런데 압살롬이 후새의 의견도 들어보자며 아히도벨의 방책에 토를 달았습니다. 틈이 생긴 것입니다. 아히도벨의 눈빛은 불안해시기 시작했고, 후새는 속으로 쾌재를 불렀습니다. 후새는 압살롬의 허영심과 두려움을 동시에 자극했습니다.

"압살롬 왕자의 쿠데타는 이미 100% 성공했습니다. 그러므로 그렇게 서둘러 다윗을 쫓을 필요까지는 없습니다. 또한 다윗을 치는 일은 신중해야 합니다. 과거 사울 왕이 3,000명의 특공대를 조직해 다윗을 10년 동안이나 잡으러 다녔으나, 다윗은 끝내 잡히지 않았기 때문입니다. 그러므로 지금 서둘러 다윗을 잡으러 나갔다가는 실패할 확률이 훨씬 높습니다. 그러니 시간을 두고 완벽하게 잘 준비해서 다윗을 잡으러 출동해야 한다고 봅니다."

그러자 그동안 아히도벨의 방책에 따라 쿠데타를 이끌던 압살롬이 갑자기 없던 리더십을 발휘하여 후새의 의견을 받아들이겠다는 결정을 내렸습니다. 끝까지 아히도벨에게 끌려 다니기는 싫었던 것입니다. 그리고 아히도벨에 비해 후새의 말이나 태도가 훨씬 겸손하다고 느꼈던 것입니다. 이것은 쿠데타를 만난 다윗이 책사들을 통해 다시 정치력을 회복하는 고도의 정치였습니다.

후새의 의견이 받아들여지자, 아히도벨은 그 회의를 마치고 집으로 돌아가 오피스텔을 정리하고 자살합니다. 단지 회의를 하고 난 후이었을 뿐인데 아히도벨은 이미 쿠데타가 실패할 것이라는 사실을 내다본 것입니다. 이래서 다윗이 아히도벨을 그렇게 두려워했던 것입니다. 아히도벨의 생각대로 압살롬의 쿠데타는 곧바로 정리되고, 다윗은 왕궁으로 돌아가게 됩니다. 후새는 왕궁 청소를 마치고, 승자의 여유를 즐기며 다윗의 칭찬을 기다리고 있었을 것입니다.

그런데 한편에서는 다윗이 왕궁에서 도망 나갈 때 다윗 앞에 나타나 용감하게 욕설을 퍼붓던 시므이가 그동안 다윗 정권 하에서 '반체체 인사'로 활동하던 사울 지파 사람들 1,000명을 데리고 무릎 꿇고 손들고 다윗을 기다리고 있었습니다.

지난 세월 숨어서 다윗을 반대하던 사울 지파 사람들이 드디어 음지에서 양지로 그들의 실체를 드러낸 것입니다. 압살롬의 쿠데타가 실패하자, 시므이가 이제 자신이 죽은 목숨이라는 사실을 깨닫고 목숨을 구하기 위해 1,000명을 데리고 나타나 다윗에게 완전히 꿇은 것입니다.

다윗이 도망 길에 그 모욕을 당하면서도 시므이를 죽이지 않고 살려두면서 "오히려 이 일로 내게 더 좋은 일이 일어날지 두고 보자."라고 했던 말이 정말 1,000배의 결실이 되어 돌아온 것입니다.

그동안 숨어서 음지에서 다윗 정권을 반대했던 세력들이 한꺼번에 1,000명이나 양지로 나왔으니, 더욱이 그들이 다윗에게 목숨을 구할 정도까지 되었으니 다윗이 정치하기에 얼마나 수월하겠습니까.

쿠데타는 일반적으로 나라의 큰 위기입니다. 그런데 다윗은 쿠데타를 통해서 오히려 오랫동안 숨어서 사울 혈연을 중심으로 다윗을 반대하던 사람들을 꿇어앉힐 기회를 가지게 되었습니다. 그래서 민족을 다시 하나 되게 하고, 나라를 더욱 튼튼하게 하는 기회로까지 삼은 것입니다.

다윗은 아들이 일으킨 아픈 쿠데타를 만났지만, 이를 통해서도 민족을 하나 되게 하고 나라를 더욱 튼튼하게 하는 기회로 삼았습니다. 그리고 12지파의 모든 사람들이 행복한 나라를 만들었습니다. 그래서 오늘날까지도 유대인들이 그러한 다윗을 모세와 함께 가장 좋아하고 존경하는 것입니다.

Ⅲ
고대의 5대 제국과 유대인 이야기

앗수르 제국

9. 앗수르 제국의 경영 키워드 - 경계

나라의 정책이라는 것이 있듯이 제국에도 제국의 정책이 있습니다. 역사의 아버지 헤로도토스가 그의 책 《역사》에서 520년간 상(上)아시아의 주인이었다고 기록한 인류 최초의 제국 앗수르는 그늘 제국의 정책을 '경계'로 정했던 제국이었습니다. 그런데 앗수르 제국의 경계는 나라의 경계를 정하는 경계가 아닌, 민족과 민족 사이의 경계를 허무는 경계였습니다.

앗수르 제국은 고대(古代)에 520년간 고대 근동을 쥐락펴락하던 제국이었습니다. 심지어 바벨론까지도 고바벨로니아의 영광을 뒤로하고 그 당시 앗수르 제국의 식민지였으니 말입니다. 앗수르 제국은 이스라엘이 다윗과 솔로몬 이후 북쪽 나라와 남쪽 나라로 다시 한 민족 두 국가가 되었을 때에 먼저 북쪽 나라를 침략했습니다.

앗수르는 그들의 제국주의를 펼치는 과정에서 이스라엘 북쪽 나라(북이스라엘)의 수도 사마리아 성을 3년간 포위하며 공성전을 펼쳤습니다. 결국 3년 만에 앗수르가 사마리아 성을 함락시켰습니다. 그리고 곧바로 앗수르는 사마리아 성에 살고 있는 북이스라엘의 귀족 남자 3만 명을 그들이 점령한 다른 나라로 강제 이주시켰습니다.

그리고 앗수르가 점령한 또 다른 지역에서 그 지역 남자들 3만 명을 사마리아로 강제 이주시켜 이스라엘 북쪽 나라(북이스라엘) 사람들의 혈통을 섞어 완전히 혼혈족을 만들어버렸습니다. 그래서 새로운 혼혈족 '사마리아인' 을 탄생시켰습니다.

앗수르는 사마리아처럼 그들이 점령한 모든 나라 사람들을 다 그렇게 혼혈족을 만들려 했습니다. 그들 제국의 정책으로

앗수르관 (대영박물관)

삼은 나라와 나라 사이의 경계를 허물기 위해 민족 혈통의 경계를 허물려 했던 것입니다. 그렇게 해서 앗수르 제국이 점령한 곳에서 정치적 반란(독립운동)이 일어나지 못하게 하고, 경제만 살려 어마어마한 세금을 거두어갔던 것입니다.

그러나 이것은 반인륜적이고 반사회적인 행위로 옳지 않은 정책이었고, 결국 앗수르 제국은 그런 일을 벌인 후 얼마 가지 못해 멸망하게 됩니다.

앗수르 제국은 그들의 혈통만 유지시키고, 다른 민족들의 혈통은 다 섞어 그들이 지배하는 모든 식민지 사람들을 그들의 경제 노예로 만들려고 했습니다. 그러나 그렇게까지 해서라도 영원하려 했던 앗수르 제국은 결국 바벨론 제국에게 멸망했고, 그들이 살던 땅은 티그리스 강의 강물이 범람해 넘침으로 모래 속에 덮여 자그마치 2,000년 이상을 땅속에 있다가 1846년 영국의 고고학자 레이어드(Austen Henry Layard, 1817-1894)가 7년 동안 구릉 위의 토사 6m를 파헤치면서 겨우 세상에 그들이 존재했었다는 사실을 알렸습니다.

2,000년 이상 앗수르 제국의 유적이 전혀 발견된 적이 없었으므로, 사람들은 고대에 520년간 상아시아의 주인이었다는 앗수르 제국 이야기를 거짓말이라고까지 말했었습니다.

10. 앗수르 제국의 경제 노예
- Family School 폐쇄

이스라엘의 북쪽 나라(북이스라엘)가 앗수르 제국에 의해 멸망하고 그들이 혼혈족 사마리아인이 되면서 일어난 가장 큰 문제는 모세 때에 시작되었던 그들의 〈Family School〉도 모두 폐쇄되었다는 것입니다.

그러자 그들은 사상을 잃게 되고, 완벽하게 앗수르의 경제 노예로 전락하게 됩니다. 그 후 앗수르 제국이 바벨론 제국에게 멸망했음에도 불구하고, 사마리아인들은 여전히 앗수르 제국의 경제 노예였을 때처럼 계속해서 사상 없는 민족이 되어 먹고사는 문제만 신경 쓰는 안타까운 사람들로 살아갔습니다.

그 기간이 자그마치 800년이나 계속되었습니다.

그러나 그 와중에도 그나마 불행 중 다행이었던 것은 이스라엘의 북쪽 나라(북이스라엘)는 그렇게 사상 없는 경제 노예로 전락한 반면, 이스라엘 남쪽 나라(남유다)는 앗수르 제국에게 나라를 빼앗기지 않고, 북쪽 나라(북이스라엘)가 앗수르에 멸망한 다음에도 150년간 나라를 더 유지했다는 것입니다.

다시 말해 이스라엘 남쪽 나라(남유다)는 혼혈족이 되는 것을 피할 수 있었습니다. 그러므로 이스라엘 남쪽 나라(남유다)는 명목상이라도 〈Family School〉이 폐쇄되지 않고 최소한이나마 유지되었습니다.

바벨론 제국

11. 바벨론^{오늘날의 이라크} 제국의 경영 키워드 – 교육

바벨론 제국의 경영 키워드는 '교육' 입니다. 물론 〈고대 5대 제국 : 앗수르, 바벨론, 페르시아, 헬라, 로마〉의 경영 키워드는 제가 정한 것이기는 하지만 말입니다. 바벨론 제국은 앗수르 제국을 멸망시키고 등장한 제국으로 앗수르 제국이 실패한 정책 즉, 혼혈 정책을 따라 할 이유가 없었습니다.

바벨론 제국은 앗수르 제국이 점령했던 수많은 나라들을 다 빼앗아 자기 나라의 식민지로 삼았는데, 특히 바벨론 제국은 그들의 식민지에서 인재들을 데려가 바벨론 제국 이데올로기 교육을 통해 바벨론 제국의 백년대계(百年大計)로 삼았습니다. 이후에 로마 제국과 대영 제국이 따라 했을 정도로 이 정책은 상당히 실효를 거두었습니다.

바벨론 제국은 이스라엘 남쪽 나라(남유다)의 수도 예루살렘 성을 18개월간 포위하고 있다가 함락시키고 이스라엘 남쪽 나라(남유다) 사람들을 바벨론 포로로 끌어갔습니다. 그리고 그들을 바벨론의 그발 강가에 모여 살게 하면서 노예로 부렸습니다.

바벨론은 그 당시 그들이 점령한 여러 나라에서 포로들을 끌어갔기 때문에 이스라엘 남쪽 나라(남유다)에서 끌어온 포로들을 유대인이라 불렀습니다. 왜냐하면 이스라엘 남쪽 나라(남유다) 사람들 가운데 대다수가 다윗이 속했던 유다 지파 사람들이었기 때문입니다. 그래서 유대인이라는 말이 그때 처음 나오게 된 것입니다.

바벨론 제국은 그들의 정책에 따라 각국에서 끌어온 포로들 가운데 특히 머리 좋은 청소년들을 선발해 왕궁에서 교육시켰습니다. 바벨론 제국의 이데올로기를 교육시켜 그들의 머

릿속을 바벨론 제국으로 가득 채우려 했던 것입니다. 유대인 가운데에서도 4명의 청소년을 선발했습니다. 그런데 대체로 다른 나라에서 끌려온 청소년들에게는 바벨론 제국의 정책이 큰 성과를 거둔 반면, 이상하게 유대인 청소년들은 바벨론 교육의 혜택을 받으면서도 그들의 머리가 바벨론 제국의 이데올로기로 빠져들지 않았습니다.

그 이유는 그들이 이미 그들의 어린 시절을 이스라엘에서 보내면서 각 가정의 〈Family School〉에서 충분히 나라와 민족을 공부하고 왔기 때문입니다. 유대인의 〈Family School〉은 '만 5세부터'(From Infancy) 시작하기 때문에 이미 청소년이 된 유대인들에게 바벨론 제국이 아무리 강력한 바벨론 제국 이데올로기 교육을 시킨다 해도 그들이 기대하는 성과를 얻을 수 없는 것이었습니다.

바벨론 제국은 제국의 수명이 고대의 다른 제국들보다 현저하게 짧습니다. 겨우 70년 제국이었기 때문입니다. 그 이유는 바벨론 제국을 세운 느부갓네살 왕 자신은 너무나 월등한 사람이었지만 그의 후손들은 하나같이 똑똑하지 못했던 탓

바벨론 강가에서 (헤롤드 코핑 作)

입니다.

교육을 제국의 정책으로 삼은 바벨론이 아이러니하게 자기 왕족들 교육에서 실패했던 것입니다. 그런데 바벨론에서 '유대인'이라 불려진 이스라엘 남쪽 나라(남유다) 사람들은 포로기 70년 동안 그곳에서 교육에 대한 생각을 다시 정리하고 오히려 그동안 예루살렘에서 부실하게 시행되었던 그들의 〈Family School〉을 재정립하는 계기로 삼았습니다.

12. 바벨론 제국의 왕실 사업 - 유대인 탄생 Family School 재개

아브라함의 후손들은 이집트에서 이집트 사람들에 의해 히브리 민족이라 불렀습니다. 그리고 출애굽하여 그들의 나라를 가지기 시작하면서 그들은 나라 이름을 이스라엘이라 불렀습니다.

그런데 가나안 땅에 살게된 이스라엘은 왕정을 시작하면서 사울 왕, 다윗 왕, 그리고 다윗의 아들 솔로몬 왕을 거친 후, 한 민족 두 국가로 나뉘었습니다. 그렇게 분단 200년을 보냈습니다.

분단 200년 만에 이스라엘 북쪽 나라가 먼저 앗수르 제국에게 멸망해 그들은 혼혈족 사마리아인이 되었습니다. 그러나 남쪽 나라는 그 후에도 150년을 더 유지하다가, 바벨론 제국에게 멸망해 그들은 바벨론 제국의 포로로 끌려갔습니다. 바벨론 제국은 다른 여러 나라에서 끌어온 포로들과 구분하기 위해 이스라엘 남쪽 나라에서 끌어온 포로들을 유대인이라 불렀습니다.

그래서 유대인이라는 이름이 탄생하게 된 것입니다. 히브리 민족이나 유대인은 그들이 스스로 지은 민족 이름이 아니라, 모두 다른 나라가 그들에게 붙여준 민족 이름입니다.

어쨌든 바벨론에서 그렇게 유대인이라는 이름이 생겨났습니다. 유대인들은 바벨론에서 70년간 포로 생활을 했는데 그나마 다행이었던 것은 바벨론 제국이 앗수르 제국의 혼혈 정책을 따라 하지 않았기에 그들은 혈통을 보존할 수 있었고, 가정은 지킬 수 있었기에 그곳에서 그들의 〈Family School〉을 재개할 수 있었습니다.

그리고 그들이 바벨론 포로로 끌려가기도 했지만, 그 전에 바벨론 제국이 예루살렘 성전을 불태웠기 때문에 고육지책으로 유대인들은 바벨론에서 성전을 대신할 회당을 만들어 그곳에서 오히려 모세의 로스쿨과 같은 학교를 열었습니다. 그들은 나라도 잃고, 예루살렘 성전도 잃었지만, 과거 그들의 조상들이 이집트에서 200년간의 노예 생활을 마치고 사막에서 그들 나라의 기초를 세웠듯이 다시 70년간 나라와 민족, 그리고 권력의 공공성 기초를 세우는 공부를 시작했습니다.

그들은 사막에서 '이스라엘' 이라는 이름으로 40년 로스쿨, 그리고 바벨론에서 '유대인' 이라는 이름으로 70년 로스쿨 재교육을 받은 것입니다. 고난의 시간에 다른 어떤 것이 아닌 공부를 시작한 그들의 삶은 오늘날까지 유대인을 유대인 되게 만든 힘입니다.

페르시아 제국

13. 페르시아오늘날의 이란 제국의 경영 키워드 - 숫자, 경제

페르시아는 제국이 되기 전에는 물건을 사고파는 시장조차도 없었던 가난한 나라였습니다. 그런데 그렇게 가난했던 나라 페르시아가 제국이 되어서는 다른 어느 제국도 듣지 못했던 '황금의 제국' 이라는 별칭을 얻을 만큼 상상을 초월할 정도로 부자 나라가 되었습니다.

페르시아 제국은 군대를 파견하면 70만 명씩이나 동원할 힘이 있었습니다. 또한 페르시아에 금과 은이 얼마나 많았던지 이후 헬라 제국의 알렉산더가 페르시아의 4개의 수도 가운데 하나였던 수사 성에서 약탈했던 금과 은이 오늘날의 화폐가치로 환산하면 약 6천만 달러어치였다고 합니다.

그리고 페르시아의 또 다른 수도 페르세폴리스에서 노략한 보물은 그 가치가 오늘날의 화폐가치로 치면 약 1억 달러에 이르렀을 정도였다고 합니다. 그러니 페르시아는 숫자와 경제력에 있어 어느 제국들과도 비교가 불가능할 정도로 부자 나라였습니다.

페르시아는 사금으로 유명했던 리디아(현재의 터키)를 점령하고, 그 여세를 몰아 바벨론 제국을 멸망시킴으로 고대 근동의 새로운 주인이 되었습니나. 앗수르 제국과 바벨론 제국에 이어 고대 근동의 새로운 주인이 된 페르시아 제국은 바벨론 제국이 그 전 제국이었던 앗수르 제국의 정책을 따라 하지 않았듯이, 그들 또한 바벨론 제국의 정책을 따라 하지 않았습니다. 그것이 멸망한 제국 정책의 운명이었습니다.

페르시아 제국은 바벨론 제국이 각 나라에서 끌어온 포로들을 돌려보내는 정책을 펼쳤습니다. 왜냐하면 바벨론 제국이 각 나라에서 인재들을 포로로 끌어온 결과 바벨론 내부는 크게 발전한 반면, 바벨론 제국의 식민지 나라들은 피폐해질 대로 피폐해져서 거두어들이는 세금이 너무 적었기 때문입니다. 그래서 페르시아 제국은 포로들을 돌려보내 각 민족의 경제를 활성화시켜 세금을 많이 거두는 정책을 펼치기로 했던 것입니다.

그렇게 하는 과정에서 페르시아 제국은 바벨론이 끌어온 여러 나라의 포로들 가운데 가장 우수한 인재들로 인정받았던 유대인들에게 엄청난 투자를 실행했습니다.

바벨론 제국은 70년 전 이스라엘의 예루살렘 성을 함락시키는 과정에서 예루살렘 성과 예루살렘 성전, 그리고 예루살렘 성안의 집들을 대부분 다 파괴하고 불을 질러 회복이 거의 불가능한 도시로 만들어놨습니다. 그러는 가운데 예루살렘에서 가장 귀한 보물들을 다 챙겨와 바벨론 신전에 보관하고 있었습니다.

그런데 페르시아 제국이 유대인들을 예루살렘으로 돌려보내면서 바벨론 신전에서 보관하고 있던 예루살렘의 보물 5,400

키루스 2세의 바벨론 입성 (H. S. 라이트 作)

점을 함께 반환해주었습니다. 그 보물은 값을 정할 수 없는 진귀한 보물 중의 보물이었습니다.

페르시아 제국이 유대인들에게 그 보물들을 돌려줌으로 이후 페르시아 제국이 유대로부터 거두어들인 세금은 페르시아를 황금의 제국이라고까지 불리게 해주었습니다. 페르시아 제국은 투자를 통한 경제가 무엇인지 알았던 최초의 제국이었습니다.

14. 페르시아 제국의 유대인 투자 – 유물 Heritage 반환

페르시아 제국은 유대인들을 예루살렘으로 돌려보내면서 바벨론 제국이 그들의 신선에서 70년간 보관하고 있었던 예루살렘에서 가져온 보물들을 다 내주었습니다.

그 보물은 유대인들의 선조들인 이스라엘 사람들이 500여 년 동안 예루살렘 성전 안에서 제사드릴 때 사용하던 성전 기명 5,400점으로 그 당시로부터 1,000년 전인 모세 시대에 사막에서 만들어졌던 인류의 문화유산이라 할 만한 가치가 있는 유물들이었습니다. 이 사건은 페르시아 제국이 유대인들을 위해 값으로 환산이 불가능한 투자를 한 것입니다. 또한 인류 역사상 유래를 찾아볼 수 없는 역사적인 유물 반환이라 할 수 있습니다.

세상 어느 나라가 전쟁을 통해 목숨 걸고 약탈해간 그 나라의 유물들을 돌려주는 경우가 있습니까? 예를 들어 현재 영국의 대영박물관이 각 나라의 유물들을 전시 보관하고 있는데 그 유물들을 자국으로 돌려줄 가능성이 있겠습니까? 이것은 사실 불가능에 가까운 일입니다.

그래도 우리나라는 우리의 유물을 '반환' 이 아닌 '5년마다 갱신 대여' 라는 이름으로 돌려받은 적이 있기는 합니다. 1993년 프랑스의 미테랑 대통령이 대한민국 고속철도 수주를 위해 방한하면서, 우리의 유물인 외규장각 도서 가운데 《휘경원원소도감의궤》 상 1권을 반환한 적이 있기 때문입니다.

외규장각 도서는 1866년 프랑스가 병인양요를 일으켰을 때에 우리나라 강화도에 보관되어 있던 6,000여 권의 왕실 관련 도서들을 거의 다 불태우고 그 가운데 남은 책 342권을 프랑스로 가져갔던 우리나라의 유물입니다. 이들 서적은 대부분 조선 왕실의 주요 행사를 기록한 의궤로서 프랑스는 이 책들을 오랫동안 베르사유의 도서관 별관에 방치해놨었습니다. 그러다가 이후 프랑스 국립중앙도서관으로 옮겨 보관했습니다.

그런데 프랑스가 우리나라에 고속철도를 수주하기 위해 프랑스 대통령을 앞세워 방한하면서 그들이 가지고 있던 우리의 외규장각 도서들 가운데 겨우 1권을 반환했던 것입니다. 그리고 그 당시에는 나머지 모든 외규장각 도서도 다 반환하겠다고 약속했지만 그 약속은 지켜지지 않았습니다. 그래서 대한민국 정부와 민간단체가 서로 다른 방법으로 프랑스 정부에 계속해서 외규장가 도서의 환수를 요구하며 프랑스 정부를 상대로 소송까지 진행했습니다. 그러나 그 소송에서 대한민국이 패소했습니다.

그러다가 2010년 대한민국 서울에서 열린 '서울 G20 정상회담' 에서 프랑스와의 정상회담을 통해 프랑스는 우리의 유물 외규장각 도서를 '5년마다 갱신 대여' 를 하는 것으로 사실상 영구임대(?)를 해주겠다고 합의해주었습니다. 프랑스는 그들이 전쟁을 통해 약탈해갔던 우리나라 유물을 3차에 걸쳐

297권을 돌려주면서 완전 반환이라는 말은 끝내 사용하지 않았습니다.

이처럼 유물을 돌려주고 돌려받는 일은 21세기 현재에도 너무나 까다롭고 어려운 일입니다. 그런데 페르시아 제국이 그 옛날 유대인들에게 유대인들의 유물을 자그마치 5,400점이나 돌려주었습니다. 이것은 유대인들을 위한 페르시아 제국의 대단한 투자로서 이를 기화로 유대인들은 예루살렘으로 돌아가 그들의 경제를 활성화시켜 페르시아 제국으로 어마어마한 세금을 바치는 나라가 되었습니다.

유대인들은 예루살렘으로 돌아와 불타버렸던 예루살렘 성전을 다시 건축하고, 그 성전 안에 5,400점의 유물들을 다시 들여놓고 나서 상상할 수 없는 힘으로 최선을 다해 생업에 종사했습니다. 그로 인해 예루살렘의 상권(商圈)이 얼마나 활성화되었던지 고대사회에서 최고의 '국제 무역인'이라는 평가를 받았던 페니키아 상인들까지도 예루살렘에 진출해 장사를 하며 페르시아 경제를 부흥시켰을 정도였습니다.

바벨론 왕 벨사살의 연회 (렘브란트 作)

페르시아 제국이 유대인들에게 돌려주었던 예루살렘 성전에서 제사드릴 때 사용했던 성전 기명 5,400점은 바벨론 제국이 페르시아 제국에게 멸망하기 전날 밤 바벨론의 왕이 귀족 1,000명을 불러 파티를 하면서 그날의 파티 그릇으로 사용했던 그릇들이었습니다.

그렇게 바벨론 제국의 마지막 밤을 빛냈던 유대의 보물들을 페르시아 제국이 유대인들에게 돌려줌으로 유대인들은 페르시아 제국에게 '황금의 제국'을 선물했던 것입니다.

15. 디아스포라 유대인과 세계경제 - 황금의 제국

페르시아 제국은 바벨론 제국에 의해 각국으로부터 끌려와 있던 비벨론 포로들에세 귀환을 허락했으나, 귀환 그 자체를 반드시 꼭 해야만 하는 강제는 아니었습니다.

그래서 바벨론 포로들 가운데에는 자국으로 돌아간 사람들도 있었고, 페르시아 제국 내에서 삶을 계속해서 살아가는 사람들도 있었습니다. 유대인들도 마찬가지였습니다. 유대인들 가운데에는 상당수가 예루살렘으로 돌아갔지만, 또한 페르시아 제국 전역에 흩어져 장사에 종사하며 사는 유대인들도 꽤 많았습니다.

예루살렘으로 돌아가지 않고 페르시아 제국 전역에 흩어져 살았던 유대인들을 '디아스포라 유대인'이라 합니다. 즉 디아스포라 유대인이라 함은 흩어져 사는 유대인이라는 뜻입니다. 그들은 바벨론 제국의 포로 시절부터 장사에 종사하며 이미 상당한 경제력을 가지고 있었기에 그 모든 것을 버려두고 예루살렘으로 돌아가기가 쉽지 않았던 사람들이었습니다.

디아스포라 유대인들은 계속해서 지경을 넓혀 페르시아 제국 전역으로 흩어져 살게 되면서 점차 타 민족들과는 비교가 안 될 정도로 월등한 경제력을 가진 민족이 되어갔습니다.

유대인들은 장사 방면에서 뛰어났고, 특히 보석을 다루고 파는 일에 탁월했습니다. 유대인들은 일찍이 모세 시대부터 보석을 잘 다루는 민족이었습니다. 모세와 출애굽한 이스라엘 사람들은 사막에서 그들의 제사장에게 특별한 옷을 만들어 입혔었는데, 그 옷에 12개의 각기 다른 보석을 달았습니다.

그리고 12개의 보석에 12지파 이름을 새겼는데 그때로부터 유대인들의 보석 세공 솜씨는 타의 추종을 불허할 정도였습니다.

그렇게 페르시아 제국 전역에 흩어져 살면서 장사에 종사하던 디아스포라 유대인들은 페르시아 제국에 세금을 가장 많이 바치는 민족이었습니다. 또한 그들은 벌어들인 수입의 십일조를 예루살렘 성전에 보냄으로 예루살렘 경제까지도 크게 부흥시키는 주목할 만한 사람들이 되어갔습니다.

디아스포라 유대인들은 드넓은 페르시아 제국 전역으로 점점 더 넓게 퍼져나갔고, 세계경제의 한 축을 차지하는 사람들로서 페르시아 제국을 황금의 제국으로 만드는 보이지 않는 손이었습니다.

헬라 제국

16. 헬라 오늘날의 마케도니아 제국의 경영 키워드 – 융합

페르시아 제국의 경영 키워드가 '숫자와 경제' 였다면, 황금의 제국 페르시아를 멸망시킨 헬라 제국의 경영 키워드는 '융합' 이라 할 수 있습니다.

헬라 제국을 세운 마케도니아의 알렉산더(알렉산드로스)는 그리스 문명(서양)과 오리엔트 문화(동양)를 융합한 '헬레니즘' (Hellenism)을 위해 마케도니아 출신인 본인 스스로부터 페르시아 여인들과 결혼을 하였으며, 자신의 마케도니아 병사들까지도 자신처럼 페르시아 여인들과 결혼을 하게 했습니다.

이것은 앗수르 제국의 혼혈 정책과는 다른 결혼을 통한 융합이었습니다. 앗수르 제국은 그들의 혈통은 순수하게 보존하면서, 그들이 점령한 식민지 백성들은 혈통을 섞어 독립운동을 불가능하게 차단하고 경제력을 계속 유지하게 하는 정책을 펼쳤습니다.

그러나 헬라 제국은 완벽한 동서양의 융합을 위해 유럽의 그리스 문명과 아시아의 페르시아 문화를 접목한 새로운 문화이자 사상인 헬레니즘을 만들어 세계를 하나로 만들려 했습니다.

그래서 알렉산더가 점령한 드넓은 헬라 제국 전역에서 헬라어를 공용으로 사용하게 하고, 헬레니즘 사상으로 융합을 도모했던 것입니다.

17. 헬라 제국의 그리스인 투자
– 알렉산드리아 도시 건설

알렉산더의 아버지 필립포스 2세가 마케도니아의 왕이었을 때에 크레니데스(Krenides)라는 지역에서 은광을 발견한 적이 있습니다. 그 은광으로 말미암아 필립포스 2세는 굉장한 경제력을 가지게 되었고 그 경제력을 기반으로 어마어마한 군사력을 가지게 되었습니다.

그래서 그 군사력으로 필립포스 2세가 어린 시절 인질로 잡혀가 있었던 그리스를 점령할 수 있었던 것입니다. 필립포스 2세는 은광을 발견했던 지역 크레니데스를 자기 이름을 따서 필립포스라고 고쳐 불렀습니다. 그래서 마케도니아의 크레니데스는 그 후로 '필립포스'(빌립보)라는 새로운 도시가 되었습니다.

알렉산더는 어린 시절에 자기 아버지가 도시의 이름을 본인의 이름으로 고쳐 부르는 것을 보았습니다. 그래서 알렉산더도 페르시아 제국을 점령하기 위해 원정을 떠나면서 그가 정복한 나라마다 자기 이름을 딴 도시 알렉산드리아(Alexandria)를 만들었던 것입니다. 가장 처음 세워진 알렉산드리아는 이집트에서 만들어진 신도시로서 이집트의 수도가 되었습니다. 그 후로 알렉산더는 자그마치 70개의 알렉산드리아라는 도시를 만들었습니다.

그런데 알렉산더가 각 나라에 알렉산드리아라는 도시를 세우는 데 가장 큰 이득을 본 민족이 있었습니다. 그들은 다름 아닌 그리스 사람들이었습니다. 그리스는 페르시아 제국과의 전쟁(마라톤 전투, 살라미스 해전)에서도 승리하며 살아남았던 대단한 나라였습니다. 그런데 그 후에 내전에 휩싸여 나라가 피폐해지다가 결국 알렉산더의 아버지 필립포스 2세에게 점령을 당하게 되었습니다.

알렉산드리아를 세우는 알렉산더 대왕 (플라치도 콘스탄치 作)

그리스인들은 평소 마케도니아를 늘 야만인들이라고 낮추어 보았었는데 오히려 그들의 식민지가 되었던 것입니다. 그러나 얼마 후 필립포스 2세가 마케도니아 자국에서 암살을 당하자 필립포스 2세의 아들 알렉산더가 마케도니아의 새로운 왕이 되었습니다.

그러자 그리스는 겨우 20살짜리 애송이 알렉산더가 마케도니아의 왕이 되었다는 생각에 곧바로 마케도니아에게 맹세했던 충성 맹세를 헌신짝처럼 버렸습니다.

그리고 그리스는 다시 완전한 독립국가가 되었다고 생각했습니다. 그런데 그 생각을 다 하기도 전에 20살짜리 애송이 왕이라고 생각했던 필립포스 2세의 아들 알렉산더가 즉시 다시 쳐들어와 그리스를 순식간에 다시 다 점령해버렸습니다.

그리스인들은 알렉산더에게 무릎을 꿇고 배신했던 것에 대해 사죄하고 다시 그리스는 마케도니아의 식민지가 되었습니다. 그 후 그리스인들은 한 차례 더 알렉산더를 배신했다가 어마어마한 응징을 당하고는 다시는 알렉산더를 배신하지 않았습니다.

대신 그리스인들은 알렉산더의 원정길에 따라나서 알렉산더가 알렉산드리아를 세울 때 신도시 건설의 최전선에 섰습니다. 그리고 그렇게 세워진 신도시 알렉산드리아에서 그리스인들은 장사를 통해 큰 수입을 얻게 되었습니다. 페르시아 제국이 유대인들에게 기회를 주었다면, 알렉산더의 헬라 제국은 그리스인들에게 굉장한 기회를 주었다고 볼 수 있습니다.

그렇게 알렉산더를 따라나선 그리스인들을 '디아스포라 그리스인'이라 불렀습니다. 그들은 그리스 본토를 떠나 흩어져 살게 된 그리스인들이었기 때문입니다.

그 당시 유럽에서 시작해 고대 근동의 새로운 주인이 된 헬라 제국 전역에는 이미 페르시아 제국 때부터 존재해 있던 디아스포라 유대인들이 있었고, 새롭게 형성된 디아스포라 그리스인들이 생기게 되었습니다. 공교롭게도 디아스포라 유대인들과 디아스포라 그리스인들은 모두 장사에 월등한 사람들이었습니다.

그런데 디아스포라 그리스인들이 알렉산더를 따라다니며 알렉산드리아를 건설하고 그곳에서 장사를 시작하면 어느새 가장 장사가 잘되는 요지에는 디아스포라 유대인들이 장사를 하고 있는 것이었습니다.

그래서 그때로부터 이후 로마 제국에 이를 때까지 디아스포라 유대인들과 디아스포라 그리스인들은 상권을 두고 계속해서 갈등을 일으켰습니다.

헬라 제국의 알렉산더가 그리스인들에게 투자를 한 것인데 노른자위를 유대인들이 차지하니 두 민족 사이에 갈등이 생기는 것은 당연한 일이었습니다. 알렉산더의 융합은 여기에서부터 이렇게 쉽지 않았던 것입니다.

18. 헬레니즘과 헤브라이즘

헬라 제국은 헬레니즘의 사상과 문화를 온 헬라 제국 전역에 퍼뜨렸습니다. 그리고 그동안의 여타 제국들과 달리 헬라 제국은 제국 내 모든 사람들에게 헬라어를 사용하게 했습니다.

세계 공용어가 된 헬라어를 통해 헬레니즘은 급속히 퍼져나갔습니다. 그런데 유일하게 한 작은 나라가 헬레니즘과 대립했습니다. 그들은 유일신을 섬기며 지난 1,500년간 헤브라이즘 사상을 가지고 있었던 유대인들이었습니다.

헬라 제국은 처음에는 유대인들의 독특성을 인정해주며 나름

관대한 정책을 펼쳤었는데, 알렉산더가 죽고 헬라 제국의 장수들이 제국을 나누어 가지게 되면서 유대를 통치하는 헬라 제국의 장수들의 성격에 따라 유대에 대한 정책이 달라지기 시작했습니다. 헬라 제국 초반에 122년간 유대를 통치했던 이집트 헬라 제국의 프톨레미 왕조는 유대인에 대해 그들의 신앙을 존중해주는 정책을 펼쳤습니다. 그러나 그 후 유대인들에 대한 통치가 시리아 헬라 제국인 셀루커스 왕조로 넘어가면서 사정이 크게 달라졌습니다.

시리아 헬라 제국인 셀루커스 왕조는 유대인들에게 다른 여타 헬라 제국의 식민지들처럼 헬레니즘을 강력하게 받아들이도록 강요했던 것입니다. 그래서 유대인들이 그들의 헤브라이즘 사상에 따라 시행하던 할례를 못하게 했고, 안식일도 지키지 못하게 했습니다.

그리고 예루살렘 성전 금고에까지 손을 댔고, 예루살렘 성전에 제우스신상을 가져다 놓고 제우스 신에게 제사하게 했습니다. 이를 지키지 않은 유대의 제사장 650명을 땅 위에 눕혀 놓고 그 위에 마차가 지나가게 함으로 그들이 끔찍한 죽임을 당하게 했습니다. 또한 할례를 받은 남자아이들을 살해하고 죽은 아이의 시체를 부모의 목에 걸어 놓기까지 했습니다.

그러자 마침내 유대에서 폭동이 일어나고 말았습니다. 그 폭동을 유대인들은 〈마카비 혁명〉이라 부릅니다. 유대인들은 지난 수백 년 동안 앗수르, 바벨론, 페르시아, 헬라 제국의 식민지 백성으로 살아왔기 때문에 나라도 없고, 왕도 없고, 군대도 없었습니다. 그래서 유대인들이 시리아 헬라 제국인 셀루커스 왕조에 대항할 수 있는 유일한 길은 혁명을 일으킨 마카비 제사장 가문을 중심으로 게릴라전을 펼치는 것뿐이었습니다.

그런데 놀랍게도 유대의 마카비 혁명이 생각 이상으로 시리아 헬라 제국인 셀루커스 왕조에 큰 타격을 주었습니다. 셀루커스 왕조가 유대에 파견한 46,000명의 보병들과 7,000기의 기병들이 유대의 3,000명의 게릴라전 부대에 의해 섬멸당했던 것입니다. 그래서 결국 셀루커스 왕조가 유대에서 철수하고 유대는 오랜만에 잠시나마 독립국가를 이루게 됩니다.

이 기간 동안 유대는 마카비 혁명을 이끌었던 마카비 가문의

유다 마카비의 승리 (루벤스 作)

제사장이 왕이 되어 왕과 대제사장을 겸하는 〈하스몬 왕조〉를 열었습니다. 그러다가 헬라 제국이 로마 제국에게 멸망하면서 유대의 하스몬 왕조도 로마 제국으로 넘어가 유대는 다시 로마 제국의 식민지가 되고 맙니다.

이후 헬라 제국의 헬레니즘과 유대의 헤브라이즘은 서양의 사상과 문화를 이루는 두 축이 되어 오늘날까지도 인류에게 큰 영향을 끼치고 있습니다.

로마 제국

19. 로마 제국의 경영 키워드 – 관용, 그러나 위선

로마 제국은 그들 스스로 제국의 정책이 관용임을 밝힌 제국이었습니다. 그래서 '팍스 로마나'(PAX ROMANA)라는 말을 만들어 '로마에 의한 평화'를 널리 알리기까지 했습니다.

로마 제국은 그들의 직전 대제국이었던 헬라 제국이 그들의 헬레니즘을 강요하다가 유대의 헤브라이즘과 한판 붙는 바람에 제국이 결국 멸망하기에 이르렀다는 사실에 주목했습니다.

그래서 로마 제국은 그들이 지배하는 식민지의 종교를 최대한 존중하는 정책을 펼쳤습니다. 특히 유대인들을 조심스럽게 다

루었습니다. 유대인들은 그들의 종교만 손대지 않으면, 경제에서 월등한 사람들이기 때문에 제국 경영에 큰 도움을 줄 수 있는 사람들이라는 사실을 로마 제국이 간파했던 것입니다.

그래서 로마 제국은 유대를 통치하면서 분봉 왕 대헤롯을 통해 예루살렘 성전을 엄청나게 큰 규모로 증축해주었습니다. 그리고 로마 제국이 파견하는 총독과 총독의 군단이 머무는 장소로 예루살렘을 택하지 않고 예루살렘에서 약 100km 정도 떨어져 있는 가이사랴를 택했습니다.

또한 유대인들이 가장 중요하게 여기는 그들의 명절인 유월절에는 '유월절 특사 제도'를 만들어 1년에 1명씩 유대인들이 원하는 죄수를 석방해주는 제도도 만들었습니다. 더 나아가 로마 제국은 페르시아 제국이 유대인들을 귀환하게 하면서 만들어주었던 유대의 지도부 〈산헤드린 공회〉를 법적으로 인정해주었습니다.

로마 제국은 유대인들에게 이렇게 눈에 보이는 정책들을 통해 관용을 베푸는 것처럼 보이게 했습니다. 그러나 모든 제국

산헤드린 공회
(*The People's Cyclopedia of Universal Knowlege 1883* 삽화)

들이 그러하듯이 제국이 식민지에 관용을 베푼다고 한들 그것은 이미 그 나라의 자유를 빼앗고 실행하는 것이기 때문에 관용은 말뿐이지 실제는 식민지 백성들을 다스리는 통치 수단일 뿐이었습니다.

로마가 역시 제국이라는 사실을 드러내는 대표적인 케이스는 로마 제국의 인구조사였습니다. 로마 제국은 제국 전역의 인구수를 정확하게 조사해서 단 한 푼의 세금도 누수가 되지 않게 하기 위해 최선을 다했습니다. 제국 내의 모든 사람들은 정해진 날까지 반드시 고향에 가서 호적을 신고해야 했는데 여기에는 임산부나 노약자에 대한 배려도 전혀 없었습니다. 그래서 해산을 코앞에 둔 임산부 마리아가 그의 남편 요셉과 함께 베들레헴까지 갔다가 구유에 아기를 낳았던 것입니다.

때문에 공식적인 로마 제국의 경영 키워드는 '관용' 이었으나, 실제 로마 제국의 경영 키워드는 관용을 가장한 고도의 위선이었다고 할 수 있습니다. 왜냐하면 대부분의 학자들이 로마의 초대 황제 옥타비아누스의 캐릭터를 '위선' 이라고 말하기 때문입니다.

20. 로마 제국과 유대인
- 유대교 유대인과 기독교 유대인

유대인들은 예수가 태어나기 전까지 전 국민이 모두 유대교를 믿는 유대인들이었습니다. 그런데 유대에 예수가 태어나고, 그 후에 예수가 하나님의 아들이라고 믿는 사람들이 유대교를 떠나 기독교인들이 되면서 유대인들은 그 후로부터 유대교 유대인과 기독교 유대인으로 나뉘게 되었습니다.

유대 사회는 로마 제국의 식민지 백성으로 살면서도 예수를 기점으로 유대교 유대인과 기독교 유대인으로 나뉘어 싸우기 시작했습니다. 모든 종교전쟁이 끝내 타협이 불가능하듯 유대교 유대인과 기독교 유대인들도 절대 타협이 불가능한 사람들이 되었습니다. 유대교 유대인은 로마 제국이 인정해준 산헤드린 공회의 종교 권력을 가지고 기독교 유대인을 종교 재판장으로 끌어들여 심지어 사형에 처하게 하는 일도 거뜬히 실행했습니다.

그러자 유대교 유대인의 핍박을 피해 기독교 유대인이 예루살렘을 떠나 로마 제국 전역으로 또 퍼져나가기 시작했습니다. 그러나 로마 제국 전역에서도 유대교 유대인과 기독교 유대인의 충돌은 계속되었고, 로마 제국은 이 문제로 골머리를 썩어야 했습니다.

21. 로마 대화재 사건

그러다가 A.D.64년 로마 시내에 대화재 사건이 발생했습니다. 당시 로마 황제는 로마 제국의 5번째 황세인 네로였습니다. 네로는 황제로서 국정은 소홀히 하고, 가수로서 그리스 지역으로 1년 6개월간이나 순회공연을 떠났다가 1,808개의 월계관을 받아 돌아와 로마에서 그 월계관으로 개선식을 벌여 고개를 설레설레하게 만들었던 황제였습니다.

네로 황제가 겨우 로마 대화재 사건을 진압하고 다시 국정을 챙기려 했는데 그때부터 로마 시내에 괴소문이 돌았습니다. 네로 황제가 트로이의 화재를 생각하며 노래를 지어 부르기 위해 로마 시내에 불을 질렀다는 소문이 돌았던 것입니다. 사실 그때까지도 로마 대화재 사건의 원인이나 범인이 밝혀지지 않았었기 때문에 그런 소문이 맞을 수도 있다는 생각이 지배적이었습니다.

그러자 네로 황제는 사태의 심각성을 깨닫고, 급하게 어떤 이유를 들어서라도 로마 대화재 사건의 범인이 '누구'인지 밝혀야겠다고 결심했습니다.

그 당시 네로 황제의 부인은 네로 황제의 친구 오토의 부인이기도 했던 포파이어였습니다. 그녀는 보석을 매우 좋아하는 여인이었는데 그녀에게 값비싼 보석을 제공하고 있던 상인이 다름 아닌 유대교 유대인이었습니다.

네로 황제는 포파이어를 통해 그동안 유대교 유대인과 기독교 유대인의 갈등을 들어 충분히 알고 있었기에 로마 대화재 사건의 범인으로 기독교 유대인들을 지목하기로 마음먹었습니다.

기독교인들의 화형을 지시하는 네로 황제 (헨릭 세미라드즈키 作)

그래서 갑자기 로마 대화재 사건의 범인이 로마에 살고 있었던 기독교 유대인이 되었던 것입니다. 결국 이 때문에 초기 기독교 지도자 200여 명이 로마에서 순교했습니다. 이후 네로 황제는 로마 제국에 의해 〈기록말살형〉에 처해져 그에 대한 모든 역사적 기록은 다 폐기되었습니다. 그러나 기독교인들은 로마 제국의 기독교 핍박을 생각하면 늘 네로를 먼저 떠올렸으며, 《쿠오바디스》와 같은 기독교인들의 작품을 통해 네로는 로마의 황제들 가운데 가장 유명한 황제가 되었습니다.

22. 유대인과 보석 – 기술Technology 중시

네로 황제의 부인 포파이어의 마음까지도 사로잡았던 유대의 보석 상인들은 고대로부터 오늘날까지도 세계 최고의 보석 전문가들입니다. 그들은 심지어 이슬람의 술탄의 부인들이 머무는 '하렘'(harem) 깊숙한 곳까지도 진출해 술탄의 어머니와 아내들에게까지도 보석을 파는 기술을 가졌던 사람들이었습니다.

보석은 원석이 보석 가격의 50%이고, 세공이 50%라고 합니다. 그래서 보석의 원석을 정확하게 알아보는 눈과, 보석 세공 기술이 보석 가격을 좌지우지합니다. 그런데 이 두 가지

기술에 있어 고대로부터 오늘날까지 유대인들을 따를 자가 없다는 것입니다. 그렇다면 유대인들은 어떻게 세계 최고의 보석 전문가들이 되었을까요? 그 답은 모세 시대로 거슬러 올라가야 합니다.

출애굽한 이스라엘 백성들은 광야에서 그들의 제사장의 옷을 특별하게 만들면서 그 옷에 12개의 각기 다른 보석을 달았습니다. 그 보석에는 12지파 이름을 새겼는데, 제사장의 옷을 최대한 권위 있고 아름답게 만들기 위해 보석에 이름을 새기는 작업을 또한 가장 아름답고 정교하게 했습니다. 그러면서 그들은 보석을 보는 눈과 보석을 세공하는 월등한 기술을 습득했습니다.

그 일이 지금으로부터 3,500년 전 일이니 그들이 보석 전문가가 된 것은 결코 우연이 아니었음을 알 수 있습니다.

유대인들은 일찍부터 기술(Technology)을 중시한 민족이었습니다. 그리고 그들이 고통과 고난을 통해 디아스포라 유대인들이 되면서 땅을 기반으로 하는 일보다는 그들에게 장사가 살 길이라는 사실을 세상 어느 민족보다 먼저 깨달았던 것입니다. 기술을 중시하고 장사를 통해 부를 축적하면서 유대인들은 과학 분야와 경제 분야에서 세계 최고가 되었고, 결국 그 분야의 노벨상을 휩쓸게 되었습니다.

Ⅳ

코끼리 이야기

– 1,000개의 작은 그림과 하나의 큰 그림

코끼리를 너무 가까이에서 보면 의외로 코끼리를 정확하게 볼 수 없습니다. 왜냐하면 코끼리는 몸집이 매우 큰 동물이기 때문입니다. 코끼리 전체를 보지 않고 일단 코끼리에게 가까이 다가가서 코끼리 다리를 한 번 보고, 더 나아가 만져보기까지 한다면 아마 사람들은 이건 건물 기둥이라고 말할지도 모릅니다.

그리고 자신이 코끼리를 보았고 만져보기까지 했다고 코끼리 다리는 동물의 다리가 아니라, 건물 기둥이라는 확신을 가지고 주장하기까지 할 것입니다. 그래서 코끼리처럼 몸집이 큰 동물은 일정 거리를 두고 보아야 전체를 볼 수 있습니다.

산도 마찬가지입니다. 깊은 산속에 들어가 5년을 살고 10년을 살아도 그 산을 아는 것이 아닙니다. 그 산이 그 근처의 어느 산이나 강, 들과 연결되어 있는지도 모르고, 산 전체의 모양도 평생 전혀 모르면서 그냥 산속에서 살 뿐입니다. 그러면서 자신이 산속에서 살기 때문에 산에 대해 가장 잘 안다고 생각하는 것입니다. 오히려 산에서 나와 산으로부터 조금 멀리 떨어진 곳에서 산을 보아야 산 전체를 볼 수 있습니다.

이처럼 전체를 본다는 것은 큰 그림을 보겠다는 의지가 필요합니다. 그래야 몸집이 큰 코끼리도 전체를 다 볼 수 있고, 큰 산도 전체를 볼 수 있습니다. 전체를 한번에 다 보는 것은 매우 중요합니다. 작은 조각 지식 1,000개를 모아도 큰 지식 하나에 미치지 못하기 때문입니다. 마찬가지로 1,000개의 작은 그림을 보는 것도 중요하지만, 하나의 큰 그림을 보는 것이 훨씬 중요하다는 사실입니다.

큰 그림은 한 살이라도 어렸을 때 보아야 합니다. 우리의 경험으로 우리가 이미 알고 있듯이 나이를 먹어갈수록 꿈이 커지는 것이 아니라 작아지기 때문입니다. 그래서 한 살이라도 어렸을 때에 큰 그림을 보아야 합니다.

유대인들은 나라를 잃고 2,000년 가까이 전 세계를 떠돌아다녔음에도 불구하고 어느 곳에서든지 그들의 자녀에게 나라와 민족, 그리고 한 민족과 모든 민족을 교육함으로 어려서 큰 그림을 보게 했습니다. 그렇게 어렸을 때에 가정에서 큰 그림을 보고 나서, 초등학교에 다니면서부터 큰 그림 안에 작은 그림들을 채워나갔던 것입니다.

우리는 가정에서 나라와 민족을 교육하지 않습니다. 물론 예의와 예절을 가르치기는 하지만 말입니다. 그렇게 우리 아이들이 자라서 일정 나이가 되면 나라를 지키겠다고 군대에 갑니다. 군대에서 총을 주면 그 총을 들고 나라를 지키는 것이라 생각합니다. 나라는 단지 총으로만 지키는 그런 작은 산이 아닌데 말입니다.

23. 로마 제국과 중세 1000년

앗수르, 바벨론, 페르시아, 헬라 제국을 지나 또다시 등장한 새로운 제국 로마는 그 수명이 자그마치 1,000년이나 지속된 제국이었습니다. 로마 제국이 1,000년의 역사를 지내는 과정에서 가장 눈에 띄는 일은 네로 황제 때부터 250년간 그렇게 박해하던 기독교를 결국 로마 제국이 그들의 국교로 삼았다는 것입니다.

그 후로 로마 제국과 기독교는 매우 밀접한 관련을 맺으며 중세 1,000년을 함께했습니다. 그래서 로마 제국하에서의 중세 1,000년의 건축, 음악, 미술 등 모든 예술 분야는 오직 기독교

적 색채만을 띄어야 했던 것입니다.

중세 시대 때 약 10차례에 걸친 십자군 전쟁이 있었습니다. 이슬람에게 빼앗긴 성지 이스라엘을 탈환하겠다는 것이 전쟁의 목적이었습니다. 그만큼 이슬림이 강력한 존재로 떠오르고 있었습니다.

로마 제국은 476년 서로마 제국이 먼저 멸망하고, 그 후로도 1,000년을 이어갔던 동로마 제국이 1453년 오스만 튀르크의 술탄 메메트 2세에게 콘스탄티노플을 내주면서 제국의 문을 완전히 닫았습니다. 그리고 기독교를 공인했던 콘스탄티누스 황제의 이름을 딴 도시 콘스탄티노플은 이슬람의 성지 이스탄불이 되었습니다.

그 후 르네상스와 종교개혁, 그리고 산업혁명이 발발하면서 유럽은 무서운 속도로 변화를 맞이했습니다. 항해술이 놀랍게 발전하면서 식민지 개척이 촉발되었고, 더 나아가 결국 신대륙 미국이 발견되기에 이르게 된 것입니다.

24. 또 다른 나라 이야기, 1789년 미국 대통령제 - 로스쿨

미국이라는 나라가 세계에 끼친 영향 가운데 가장 큰 영향은 뭐니 뭐니 해도 임기가 정해진 나라의 지도자인 대통령제를 만들어 전 세계가 따라 하게 한 것입니다.

그 전에는 나라를 통치하는 사람이 일정 기간 통치하고 법에 따라 그 자리에서 내려와 일반 시민으로 돌아간다는 것은 상상도 할 수 없는 일이었기 때문입니다. 동양에서는 왕후장상(王侯將相)의 씨가 따로 있다고까지 말했을 정도였으니 말입니다.

미국의 대통령제가 선거와 임기제로 잘 자리 잡게 된 것은 초대 대통령 조지 워싱턴(George Washington, 1732-1799)의 공이 크다고 할 수 있습니다. 처음에 그가 미국의 첫 대통령으로 선출되었을 때에는 대통령 자신은 물론 국민들까지도 대통령제를 잘 이해하지 못하고 대통령이 선출된 국왕이라고 생각했나고 합니다.

그래서 조지 워싱턴 대통령은 유럽의 왕실처럼 많은 파티를 열었고, 영국과 프랑스의 국왕들처럼 미국 전역을 호화롭게 여행하였으며, 미국 국민들도 마치 국왕을 대하듯 대통령을 맞이하며 환호했다고 합니다. 그러나 미국은 차츰 대통령과 국민들 모두 민주주의 체제와 대통령제에 대해 알아가게 되었습니다.

그럼에도 불구하고 조지 워싱턴이 1789-1797년까지 두 번에 걸친 대통령의 임기가 끝나자, 미국 국민들은 그가 사망할 때까지 종신 대통령직에 머물러줄 것을 간청했다고 합니다.

그러나 그는 대통령직을 더 이상 수행하는 것에 대해 단호히

거절하며 고별사를 통해 '내가 만약 대통령직을 3번이나 맡는다면 장기집권을 위한 무서운 정치 싸움이 벌어질 것' 이라고 말하며 대통령직에서 물러났습니다.

그는 '미국 건국의 아버지' 라는 명예를 얻으며 평범한 한 시민의 자리로 돌아갔고, 그 후 미국의 대통령들은 이 전통을 따르며 민주주의를 지켜나가고 있습니다.

이것은 세계적인 정치 혁신이라 할 수 있습니다. 최고 권력자의 임기제, 권력분립, 평등선거를 법으로 정하고 나라가 그 체제 안에서 순환하게 한 것이니 말입니다. 그런데 곰곰이 생각해보면 이런 나라의 시작은 3,500년 전 사막에서 로스쿨을 처음 시작했던 모세가 원조임을 알 수 있습니다.

모세는 물론 40년간 장기집권(?)으로 사막에서 국민들을 이끈 지도자였으나, 그는 일반 국민들과 똑같이 평등한 삶을 살면서 왕의 자리에 오르지 않았을 뿐 아니라, 아들에게 나라를 물려주지도 않았습니다.

그리고 그의 임기가 끝나자 가장 유능한 후계자를 세워 권력을 이양했습니다. 또한 모세는 나라의 권력을 분립했습니다. 고대사회에서 가장 중요한 종교 권력을 자신이 가지지 않고 따로 대제사장을 세웠기 때문입니다.

그리고 더 중요한 것은 모세가 40년 동안이나 실질적으로 나라를 통치했음에도 불구하고 그의 표현을 빌리자면 국민들에게 나귀 한 마리조차도 빼앗은 적이 없었다고 말할 정도로 자신이 가장 공(公)과 의(義)의 법을 잘 지켰습니다. 그러니 국민들이 행복할 수밖에 없었던 것입니다.

왕의 제도는 왕 한 사람은 너무나 행복한 제도이지만 나머지 모든 국민들은 다 왕의 노예들입니다. 그런 면에서 국민의 손으로 국민의 대표를 선출하고, 그 대표는 정해진 임기 동안만 국민의 대표로 권력을 행사하다가 정해진 기간이 지나면 다시 일반 시민으로 돌아가는 제도는 참으로 합리적인 제도라 할 수 있습니다. 그런 면에서 미국이 정치적으로 혁신을 일으켰다는 평가를 받을 수 있는 것입니다.

25. From Infancy
– 다시 시작하는 모세 이야기

큰 그림은 어렸을 때에 부모가 자녀에게 보여주어야 합니다. 어렸을 때라 함은 〈From Infancy〉 즉, 만 5세 때부터를 일컫습니다.

이것은 유대인들이 3,500년 전부터 지금까지 그들의 자녀들을 교육하기 시작한 때입니다. 큰 그림은 나라와 민족, 그리고 한 민족과 모든 민족의 그림입니다. 작은 그림 1,000개를 모아도 큰 그림 하나가 되지 못합니다. 그런데 다시 강조하지만 하나의 큰 그림을 보면 그 큰 그림 안에 작은 그림들을 수천 개 담을 수 있습니다.

모세는 이집트에서 노예 생활을 하던 자기 민족 200만 명을 출애굽시켜 사막에서 40년간 그들을 교육시켰습니다. 그것도 출애굽 당시 20세 미만의 청소년들, 그리고 사막에서 새로 태어난 아기들이 만 5살이 되던 시점부터 세상 사람들이 지금도 가장 어렵다고 말하는 법을 교육시켰던 것입니다.

그래서 전 국민에게 그들의 613가지 법을 완벽하게 숙지하게 했고, 로스쿨을 졸업하게 했습니다. 그렇게 로스쿨을 마친 부모들에게 자녀들을 직접 가르치라고 〈Family School〉을 열게 했습니다.

부모들이 먼저 공부를 해야 합니다. 그리고 부모가 되면 자식이 만 5세 되기를 기다렸다가 큰 그림 보여주기 프로젝트를 시작해야 합니다. 이기적이지 않은 아이, 이웃과의 나눔을 아는 아이, 나라와 나라 사이의 평화가 중요하다는 것을 아는 아이로 길러내야 하는 것입니다.

나라와 민족, 한 민족과 모든 민족을 가정에서 배우고, 그리고 나라의 법을 가정에서 배우고 난 그 후에 아이가 초등학교에서부터 작은 그림들을 그 큰 그림 안에 채워나간다면 세계의 혁신을 우리 아이들이 이끌어나갈 수 있을 것입니다.

3,500년 전 모세가 제안했던 〈Family School〉은 3,500년이 지난 지금 21세기에도 가장 월등한 교육이라는 사실이 입증되고 있습니다. 왜냐하면 수많은 나라들과 제국들은 멸망했음에도 불구하고 여전히 가정들은 건강하게 살아 숨 쉬고 있고, 영원히 가정은 살아 있을 것이기 때문입니다.

민족이 나라를 잃고 수천 년을 전 세계에 흩어져 살아도 가정에서 부모가 그들의 자녀들을 교육하면 제국보다도 더 큰 힘을 가질 수 있다는 것이 21세기 혁신이기 때문입니다.

부모, 그 이름이 세상에서 가장 큰 산입니다. 그리고 자녀, 그 이름은 큰 산을 담을 수 있는 세상에서 가장 큰 그릇입니다.